Impressum:
© 2021 Maria Roth
Herstellung und Verlag: BoD – Books on Demand,
Norderstedt

ISBN : 9783754351253

Katzen sind…

…lieb und verschmust und bei vielen Menschen beliebt.

Katzen sind…

…sehr individuell und durchaus in der Lage, ihre Menschen zu erziehen.

Katzen sind…

…kleine Rebellen, die tun, was sie wollen.

Katzen sind…

… Einzelgänger mit geselligen Neigungen.

Katzen sind…

…geliebte Gefährten oder Tiere, die man nicht mag.

Katzen sind…

…mal schmusig, mal Kratzbürsten…

Katzen sind…

…Tiere, deren seelische Befindlichkeiten ganz schnell wechseln können…

Katzen sind…

…manchmal einfach verschwunden und der Mensch kann sie nicht mehr finden…

…und hier beginnt unsere Geschichte…

Der kleine Tiger, der von der lieben Marie mit seinen beiden Schwestern von einer Futterstelle für heimatlose Katzen gerettet wurde, führt ein glückliches Leben. Marie, die seinen Namen Tiger, den er von seiner Mutter bekommen hat, natürlich nicht kennt, nennt ihn Luis. Luis lebt also glücklich und zufrieden mit ein paar anderen Katzen bei Marie. Am liebsten mag Luis die blinde Lilly. Sie wurde ebenfalls von der lieben Marie gerettet. Eines Tages gerät Tigers Welt völlig aus den Fugen. Am Abend kommt Tiger von einem Streifzug durch die Nachbarschaft nach Hause. Vor Maries Haus steht so ein furchtbar lautes, stinkendes Ding, das einen Höllenlärm macht. Tiger rennt panisch davon. Nur weg von diesem riesigen, stinkenden Ding! Er rennt und rennt, bis er völlig erschöpft ist. Erst jetzt wird ihm klar, dass er den Heimweg nicht mehr finden kann. Verzweifelt sucht Tiger sein Zuhause und kann es nicht finden. Zum Glück findet Tiger einen geschützten Unterschlupf in Rudolfs Werkstatt. Rudolf und seine Frau Emma verlieben sich in Tiger und möchten ihm ein Zuhause schenken, doch Tiger vermisst Marie und Lilly. Verzweifelt sucht er sein zu Hause...

1. Kapitel

„Tiger, sofort kommst du zu mir!"
Die aufgeregte Stimme unserer Mutter
unterbrach unser ausgelassenes Spiel an
diesem warmen Nachmittag. Widerwillig
lief ich, gefolgt von meinen beiden
Schwestern, zu unserer Mutter.
„Wie oft habe ich euch schon gesagt, dass
ihr nicht an die Straße rennen dürft. Das ist
sehr gefährlich. Tiger, du solltest auf deine
Schwestern aufpassen," sagte unsere
Mutter und ihrer Stimme klang nicht
ärgerlich, sondern war voller Angst.
„Mama, es tut mir leid," sagte ich
schuldbewusst. „Wir waren so schön am
Spielen und haben die stinkenden Dinger
vergessen von denen du immer sagst,
dass sie sehr gefährlich sind."
„Werden wir nicht mehr machen," sagte
meine Schwester Lela, die viel kleiner als
meine zweite Schwester Aischa war.
Lela war das Sorgenkind unserer Mutter.
Während Aischa und ich gierig unsere
Milch getrunken hatten, wollte Lela nie so
viel trinken. Inzwischen tranken wir keine
Muttermilch mehr. Unsere Mutter war in

großer Sorge, weil Lela nur wenig essen wollte.

Wir folgten unserer Mutter zu einer Höhle, die in einem kleinen Wald hinter dem Einkaufsmarkt war. Hier war unser Zuhause. Wenn es Nacht wurde und alle Menschen verschwunden waren, gingen wir zu dem Müllcontainer. Geschickt kletterte unsere Mutter in den Müllcontainer und fischte Fleisch-und Wurstreste aus dem Müll. Die erbeuteten Happen teilte sie mit uns. Wir durften nicht in den Müllcontainer, weil unsere Mutter befürchtete, dass wir nicht schnell genug raus klettern konnte, wenn Gefahr drohte. Unsere Mutter hatte uns beigebracht uns sofort zu verstecken, wenn Menschen in der Nähe waren. Doch nicht nur die Menschen waren eine Gefahr für uns, sondern auch die anderen Katzen, die hier mit uns zusammenlebten. Sie verstanden keinen Spaß, wenn es ums Futter ging. Katzenkinder wie wir, wurden sofort verjagt. Manchmal hatten wir Glück und die Menschen, welche in dem Einkaufsmarkt arbeiteten, stellten die Tüten mit den Fleisch-und Wurstresten neben den Abfallcontainer. In diesem Fall waren wir klein und wendig wie wir waren im Vorteil und erhaschten den ein oder anderen leckeren Bissen. Meine Schwestern und ich waren mit unserem Leben zufrieden auch wenn manchmal unsere Bäuche knurrten. Wir kannten kein anderes Dasein. Unsere Mutter hatte uns gelehrt, Mäuse zu jagen, was uns inzwischen recht gut gelang. Konnten wir eine Maus fangen, waren wir sehr stolz und unser Hunger wurde durch die Beute geringer.

Eine weitere Nahrungsquelle war ein Futterhaus, das hinter dem Einkaufsmarkt in einer verborgenen Ecke stand. Zweimal in der Woche kam eine Frau und stellte leckeres Futter in das Haus. Wir hatten schnell gelernt, das Futterhaus an den Tagen, an denen die Frau kam, im Auge zu behalten. Einen Tag konnten wir uns besonders gut merken. An diesem Tag waren keine Menschen auf dem Parkplatz unterwegs, die ihre Wagen zu den stinkenden Dingern schoben. Der Einkaufsmarkt war geschlossen und im Müllcontainer gab es keine Reste für uns. Wir versteckten uns mit unserer Mutter in dem kleinen Wald und warteten geduldig bis die Frau kam. Sobald sie weg war, sprinteten wir zum Futterhaus und stillten unseren Hunger. Das Nassfutter, welches die Frau in das Futterhaus stellte, war besonders begehrt. Während die anderen Katzen den Tag verschliefen, konnten wir uns daran satt essen. Bis zur nächsten Fütterung gab es nur noch Trockenfutter für uns, das wir uns mit den anderen Katzen teilen mussten.

So lebten wir ganz gut in der Nähe der Menschen, waren aber für die Menschen unsichtbar wie Geister. Manche von uns hatten keine Angst davor, die Nähe der Menschen zu suchen. Diese Katzen waren eindeutig im Vorteil, denn sie bekamen von den Menschen, die in dem Einkaufsmarkt arbeiteten, den ein oder anderen Happen zugeworfen. Lela, Aischa und ich kannten die Gefahren, die von Menschen ausging, nur aus den Erzählungen unserer Mutter. Diese hatte uns untersagt, uns den Menschen zu zeigen. Halbherzig hielten wir uns daran, denn wir waren sehr neugierig und nicht selten quälte uns der Hunger. Manchmal, wenn uns unsere Mutter unbeaufsichtigt ließ, suchten wir die Nähe der Menschen, die ganz entzückt von uns Katzenkindern waren. Wir bekamen leckeres Futter und verstanden die Warnungen unserer Mutter immer weniger. Eines Tages machten wir Bekanntschaft mit einem großen schwarz-weißen Kater.

Es war der Tag, an dem es auf dem Parkplatz ruhig war. Wir warteten auf die Frau, die uns Futter brachte. Unsere Mutter war an diesem Tag alleine unterwegs. Das kam in den letzten Tagen oft vor. Wir seien jetzt alt genug und mussten lernen, alleine zurechtzukommen, sagte sie uns. Die Aussage unserer Mutter machte uns unsicher und wir vermissten sie. Wir liefen uns im Spiel hinterher, als der große Kater auf dem Parkplatz auftauchte und unser Futterhaus in Augenschein nahm.

„Da ist noch nichts drin," sagte Aischa, die die Mutigste von uns dreien war.

„Nicht schlimm," sagte der Kater. „Ich war nur neugierig und wollte wissen, was es mit diesem Haus auf sich hat. Es riecht ganz gut da drin. Nach Katzenfutter würde ich sagen."

„Ja, wir warten auf die Frau, die uns neues Futter in unser Futterhaus stellt," sagte ich.

„Eine Frau stellt euch Futter da rein. Das finde ich aber merkwürdig," sagte der Kater und sah uns verwundert an.

„Was findest du daran merkwürdig," fragte ich und war ebenfalls verwundert.

„Warum stellt euch jemand in so ein altes Häuschen Futter? Ich habe meinen Futterplatz zu Hause in der Küche. Dort gibt es eine schöne Unterlage und natürlich habe ich wunderschöne Schüsseln. Auf Futter warten muss ich nie," sagte der schwarz-weiße Kater. „Meine Menschen nennen mich Pan und wie sind eure Namen?" Meine Schwestern und ich verstanden nicht was uns dieser fremde Kater erzählte. Er war wohlgenährt, hatte ein wunderschönes seidiges Fell und unterschied sich somit von den Katzen, die wir kannten. Die Katzen in unserem Umfeld waren dünn und ungepflegt. Manche hatten Verletzungen und eine musste mit drei Beine zurechtkommen.

„Ich bin Tiger und das sind meine

Schwestern Lela und Aischa. Ich verstehe nicht, was du uns erzählst. Was ist eine

Küche und wieso lebst du bei Menschen,"
fragte ich verwundert. „Wir leben dort in
dem kleinen Wald in einer Höhle."„O, jetzt
verstehe ich. Ihr seid Streuner," sagte Pan
und blickte
uns mitleidig an.
„Keine Ahnung," sagte ich. „Wir wurden
hier geboren. Wo lebst du", fragte ich
neugierig.
„Ich lebe mit meinen Menschen in einem
großen Haus," sagte Pan. „Ihr seid arme
Streuner. Wenn erst der Winter kommt wird
es für euch sehr ungemütlich. Im Winter
gehe ich kaum vor die Tür, weil es da
furchtbar kalt ist."
Meine Schwestern und ich sahen uns
verständnislos an. Dieses schöne Leben,
das es für Katzen geben konnte, war uns
unbekannt. Manchmal, wenn wir auf der
Suche nach Mäusen umherstreiften, sahen
wir in die Häuser der Menschen und was
wir sahen, ließ uns erahnen, dass es in
einem Haus angenehm war. Unsere Mutter
kannte dieses Leben. Vor einigen Jahren
hatte sie in so einem Haus gelebt und sie
träumte noch heute von dieser schönen
Zeit. Sie war eine ganz junge Katze und
trug ihre ersten Kinder in ihrem Bauch, als
die Menschen sie zu dem Wald fuhren und
alleine zurückließen. Von diesem Tag an

musste unsere Mutter um das Leben ihrer Kinder, die sie zweimal im Jahr zur Welt brachte und ihr eigenes Leben hart kämpfen. Sie wurde immer ganz traurig, wenn sie uns von dieser schönen Zeit erzählte.

„Ich hätte auch gerne so ein schönes Leben," sagte Lela traurig. „Wie hast du das geschafft, Pan?"

„Naja, ich musste eigentlich nichts tun. Ich lebte schon mit meiner Mutter und meinen Geschwistern in einem Haus. Eines Tages kamen meine Menschen und haben mich in ein neues Haus gebracht. Am Anfang war ich voller Angst und habe meine Familie schrecklich vermisst, doch das war nur kurze Zeit so. Heute liebe ich meine Menschen über alles. Sie würden alles für mich tun. Macht's gut. Ich muss nach Hause. Meine Menschen haben heute frei und da ist Kuscheln angesagt," sagte Pan und verschwand.

Wir blieben ratlos zurück.

„Ich hätte auch gerne ein Zuhause," sagte die kleine Lela.

„Ich auch," sagte ich und Aischa nickte zustimmend.

„Wir gehen zu Mama und fragen sie, ob wir ein Zuhause bekommen," schlug ich meinen Schwestern vor.

„Das ist eine gute Idee," sagte Aischa.
Wir machten uns auf den Weg zu der
Höhle. Als wir dort ankamen, stellten wir
fest, dass unsere Mutter immer noch nicht
zurück war. Wo war sie nur? So langsam
machten wir uns Sorgen. Sonst hatte sie
mit uns zusammen auf die Frau gewartet.
Heute waren wir alleine auf dem Parkplatz.
Das Nassfutter war weg, denn außer uns
hatten zwei weitere Katzen gewartet. Wir
mussten warten, bis die erwachsenen
Katzen ihren Hunger gestillt hatten. Von
den Resten wurden wir nicht satt und so
mussten wir uns mit Trockenfutter
begnügen. Jetzt waren unsere Bäuche gut
gefüllt und wir wurden schläfrig. Erschöpft
kuschelten wir uns in einer Ecke
zusammen und schliefen ein.
Ich erwachte und erblickte unsere Mutter.
Schlaftrunken tapste ich zu ihr. Als es mir
gelang, endlich den Schlaf abzuschütteln,
fragte ich sie:
„Wo warst du. Wir haben am Futterhaus
auf dich gewartet. Da waren noch zwei
andere Katzen und wir konnten uns am
Nassfutter nicht satt essen."
„Ach, kleiner Tiger, ihr müsst jetzt langsam
lernen, alleine zurechtzukommen. Ich kann
nicht ewig für euch sorgen," sagte unsere
Mutter.

„Aber du bist doch unsere Mama," sagte ich traurig.
„Ja, kleiner Tiger, ich bin eure Mama und das werde ich auch immer sein, aber ihr müsst lernen alleine zurechtzukommen," sagte unsere Mutter.
„Mama, wir haben vorhin auf dem Parkplatz einen Kater kennengelernt, der ein Zuhause hat. Wir wollen auch ein Zuhause," sagte ich und blickte meine Mutter erwartungsvoll an.
„Ja, wir wollen auch ein Zuhause," sagte Lela, die ebenfalls erwacht war und auch Aischa war zur Stelle.
„Das ist nicht so einfach," sagte unsere Mutter und wir hörten die Traurigkeit in ihrer Stimme. „Wir sind Streuner und die meisten Menschen wollen keine Streuner."
„Aber warum denn nicht," empörte ich mich. „Nur, weil wir Streuner sind bedeutet das doch nicht, dass wir schlechte Katzen sind. Pan hat vorhin auch so komische Andeutungen gemacht." Tränen kullerten aus meinen Augen.
„Sei nicht traurig kleiner Tiger," sagte unsere Mutter sanft. „Vielleicht findet ihr ja eure Menschen und könnt in einem schönen Zuhause leben. Ihr seid noch Katzenkinder und das ganze Leben liegt

vor euch. Ich wünsche euch, dass ihr ein schönes Zuhause findet."

„Vielleicht finden wir alle zusammen ein schönes Zuhause," sagte Lela.

„Ihr findet vielleicht ein Zuhause, aber ich werde den Rest meines Lebens hier verbringen," sagte unsere Mutter.

„Aber, du hast uns doch erzählt, dass du früher ein Zuhause hattest," sagte Aischa.

„Ja, meine Kleine, ich hatte ein Zuhause, aber das war nicht schön. Meine Menschen wollten mich nicht mehr und ich will auch keine Menschen mehr," sagte unsere Mutter bitter.

„Aber Pan hat ein schönes Zuhause," sagte ich trotzig.

„Ja, Tiger, viele Katzen haben großes Glück und können in einem schönen Haus leben."

In den nächsten Tagen hielten wir Ausschau nach Pan, doch der Kater ließ sich nicht blicken. Wir hätten ihn gerne gefragt, wie wir es schaffen konnten in ein Zuhause zu kommen. So nervten wir andere Katzen, die mit uns in der Höhle lebten, mit unseren Fragen. Wie konnten wir in ein Zuhause kommen. Die anderen Katzen hatten keine Ratschläge für uns. Einige von ihnen hatten schon bei Menschen gelebt und waren von ihnen ausgesetzt worden. Eine Katze war aus ihrem Zuhause weggelaufen, weil die Menschen so böse zu ihr waren. Wir kamen zu dem Schluss, dass es keine gute Idee war auf ein Zuhause zu hoffen, obwohl Pan, den wir ein paar Tage später trafen, seine Menschen in den allerhöchsten Tönen lobte. Er war felsenfest davon überzeugt, dass ihn seine Menschen niemals aussetzen würden. Pan hatte, seit er ein Katzenkind war, bei diesen Menschen gelebt. Sie waren für Pan die allerbesten Menschen auf dieser Welt und wir waren neidisch, weil wir keine Menschen hatten.

Wir wurden immer selbstständiger und unsere Mutter ließ uns gewähren. In einer kalten Nacht machten wir eine schlimme Entdeckung. Unsere Mutter saß in einer Kiste fest und wir wussten nicht, wie wir ihr helfen konnten. Meine Schwestern und ich hatten die Frau beobachtet, die immer zum Füttern kam und gesehen, wie sie mehrere dieser Boxen aufgestellt hatte. Neugierig, wie wir nun einmal waren, hatten wir uns die Boxen angeschaut und das leckere Futter gesehen, das in jeder Box stand. Lela, Aischa und ich hatten uns nicht getraut, in eine Box zu klettern, doch unsere Mutter war getrieben vom Hunger, rein gekrochen und saß nun fest.

„Mama, was können wir tun," fragte ich verzweifelt.

„Ihr könnt' nichts für mich tun," sagte unsere Mutter traurig. „Verschwindet und haltet euch von den Menschen fern!" Stunden später war die Box mit unserer Mutter verschwunden. Meine Schwestern und ich erkannten, dass wir nun ganz alleine waren und uns durchschlagen mussten. Trotz der vielen Warnungen unserer Mutter waren wir immer wieder in die Nähe der Menschen gegangen, die in dem Einkaufsmarkt arbeiteten. Schlechte Erfahrungen hatten wir mit ihnen bisher nicht gemacht. Im Gegenteil! Die Menschen stellten uns Schüssel mit Futter hin und wir stürzten uns gierig auf das Futter, sobald die Menschen nicht mehr in der Nähe waren. Die Warnungen unserer Mutter hallten immer in unseren Köpfen und so hielten wir einen großen Abstand zu den Menschen.

Tage später war unsere Mutter wieder da. Voller Freude begrüßten wir sie und wollten natürlich wissen, wo sie gewesen war.

„Die Menschen haben meinen Bauch aufgeschnitten und dafür gesorgt, dass ich keine Katzenkinder mehr bekomme," sagte unsere Mutter traurig.

„Aber warum tun die Menschen uns das an," schrie ich voller Empörung, denn mir wurde klar, dass wir nicht am Leben wären, hätten die Menschen vor unserer Geburt unsere Mutter eingefangen.

„Ach weißt du, kleiner Tiger, wir sind einfach zu viele Katzen und sieh' dich nur um, wie wir leben müssen. Eigentlich bin ich froh, dass ich keine Kinder mehr bekommen kann, die im Elend leben müssen," antwortete unsere Mutter betrübt.

„Aber, wenn wir es schaffen in ein Zuhause zu kommen geht es uns doch so gut wie Pan," sagte ich.

„Ja, Tiger, vielleicht schafft ihr es eines Tages in ein Zuhause. Die letzten Tage war ich bei der Frau, die uns immer Futter bringt und habe dort in einem Käfig gesessen. Mein Bauch tat weh, aber die Frau hat mir so viel Futter gegeben, dass ich mich so richtig satt essen konnte. Das war schon schön," sagte unsere Mutter leise.

„Wir wollen mit dir zusammen in ein Zuhause, Mama" sagte ich und Lela und Aischa nickten zustimmend.

„Das wird nicht funktionieren, kleiner Tiger. Ich bin schon zu lange ein Streuner und

mag keine Menschen. Außerdem geben die Menschen selten einer Katze wie mir eine Chance. Katzenkinder können das schaffen. Manchmal kommen sie in ein Zuhause," sagte unsere Mutter traurig. In den nächsten Wochen wurden wir immer erwachsener. Lela und ich vergaßen unsere Scheu vor den Menschen, die uns mit Futter versorgten. Die Warnungen unserer Mutter verhallten ungehört. Aischa war da anders. Sie floh panisch vor den Menschen, sobald sie in ihre Nähe kamen. Alle drei suchten wir die Nähe von Pan, der uns hin und wieder besuchte und wir lauschten seinen Geschichten, die von seinem tollen Zuhause und seinen geliebten Menschen erzählten. Während Aischa Pans Geschichten nur wenig Glauben schenkte und die schlimmen Geschichten, die ihr unsere Mutter und die anderen Streuner über die Menschen erzählten verinnerlicht hatte, waren wir fasziniert von Pan und wünschten uns sehnlich ein Zuhause.
Wir gingen den anderen Katzen mit unseren vielen Fragen gehörig auf die Nerven. Eines Tages hatte Pauline eine schon ältere Katze, die noch nie in einem Zuhause gelebt hatte, die Nase voll.

„Mann, ihr seid echt Nervensägen,"
schimpfte sie als wir wieder einmal wissen
wollten, wie wir in ein Zuhause kommen
konnten.

„Aber wir hätten doch so gerne ein
schönes Zuhause wie Pan," sagte ich und
fürchtete mich vor Pauline, die sehr wütend
war.

„Woher wollt ihr Nervensägen wissen, dass
es euch gut geht, wenn ihr in ein Zuhause
kommt? Hier leben einige Katzen, die ein
Zuhause hatten und weggelaufen sind,
weil ihre Menschen so böse zu ihnen
waren," schimpfte Pauline.

„Aber Pan ist sehr glücklich in seinem
Zuhause," sagte ich trotzig und Lela, die
sich nicht traute der älteren Katze zu
widersprechen, nickte eifrig und versteckte
sich vorsichtshalber hinter mir.

„Euch ist nicht zu helfen. Wenn ihr
unbedingt in ein Zuhause wollt, dann müsst
ihr nur in einen der Käfige klettern, die die
Frau jeden Abend aufstellt," antwortete
Pauline ärgerlich.

Ich sah die ältere Katze verständnislos an.

„Unsere Mutter war in so einem Käfig, aber
nach ein paar Tagen kam sie hierher
zurück. Nachdem man ihr den Bauch
aufgeschnitten hatte und sie jetzt keine
Kinder mehr bekommen kann," sagte ich

mutig, denn Pauline war schon sehr genervt.

„Ja, Dummchen, deine Mutter ist schon zu alt. Die will niemand mehr, aber Katzenkinder haben viel bessere Chancen in ein Zuhause zu kommen," erklärte uns Pauline.

„Kommen wir in so ein schönes Zuhause wie Pan," fragte ich neugierig.

Pauline lachte schallend.

„Du bist ein Dummchen. Wer kann schon sagen, ob ihr in ein schönes Zuhause kommt? Niemand! Wenn das Glück mit euch ist, wird's gut, wenn nicht, habt ihr Pech gehabt," sagte Pauline böse.

Wir machten uns aus dem Staub, denn wir wollten Pauline nicht noch mehr verärgern.

„Unsere Mutter und viele der anderen Katzen haben uns so oft gesagt, dass wir uns von den Menschen fernhalten sollen," sagte Aischa vorwurfsvoll. „Ihr wollt einfach nicht hören!"

„Pan hat ein schönes Zuhause," sagte ich. „So ein Zuhause will ich auch haben!"

„Ich auch," sagte Lela. „Wer nichts wagt, gewinnt auch nichts. Das hat unsere Mutter auch schon oft gesagt."

„Genau, Lela, wenn wir nicht versuchen in ein Zuhause zu kommen, werden wir immer hier leben müssen. Naja, so toll ist

es hier nicht, oder Aischa," sagte ich und sah meine Schwester an. „Wir haben oft genug nichts zu essen und müssen immer Angst vor den Menschen und den stinkenden Dingern haben!"
„Ihr kennt doch die Geschichte von Moritz. Der war in einem Zuhause und die Menschen waren sehr böse zu ihm. Sie haben ihn sogar in der Wohnung eingesperrt. Moritz musste lange Zeit bei diesen schlimmen Menschen leben, bis es ihm gelang zu fliehen. Jetzt ist er sehr froh, dass er hier leben kann. Hört endlich auf zu jammern," sagte Aischa und wir spürten, dass sie sehr ärgerlich war.
„Lela und ich schwiegen, denn wir wollten unsere Schwester, die eine halbe Stunde älter war als wir und sich gerne als Chefin aufführte, nicht noch mehr verärgern.
„Was haltet ihr davon, wenn wir zum Teich gehen. Da gibt es immer viele Mäuse," sagte ich und hoffte, dass Aischa auf meinen Vorschlag einging und nicht mehr böse auf uns war.
„Das ist eine gute Idee," sagte Lela und zum Glück nickte Aischa zustimmend. Wir liefen zu dem Teich der zu einem Wochenendhaus gehörte. Hier fanden wir nicht nur viele Mäuse, sondern im Winter, wenn es sehr kalt war, einen warmen

Unterschlupf. Auf dem großzügigen Gelände lebten ein paar Schafe, die für die Besitzer des Grundstückes das Mähen übernahmen. Das Ehepaar, dem das Grundstück gehörte, hatte für die Schafe einen Stall gebaut, der im Winter mit einer dicken Schicht Stroh eingestreut war. Die Schafe blieben auch im Winter lieber draußen. Sie hatten ein dickes Fell und froren nicht. So hatten wir und viele andere Katzen den Stall, der für die Schafe immer offen war, als Winterquartier entdeckt. Das Ehepaar hatte sehr schnell bemerkt, dass Streuner in ihrem Stall Zuflucht suchten und stellten jeden Tag, wenn sie nach ihren Schafen sahen, einen großen Teller Katzenfutter in den Stall.

Als wir heute zu dem Grundstück kamen, waren die Menschen gerade am Arbeiten und wir trauten uns nicht in den Stall. Die Frau sah uns und sagte zu ihrem Mann: „Schau nur die süßen Katzenkinder sind wieder da."

„Ja, sie sind wirklich süß, aber auch sehr scheu," sagte der Mann.

Die Frau füllte einen Teller mit Katzenfutter und stellte das Futter an die Stelle, wo sie uns gesehen hatte. Wir warteten bis die Frau sich entfernt hatte, dann stürzten wir uns hungrig auf das Futter. Heute war uns das Glück hold. An dem Futter, das uns die Frau hingestellt hatte, konnten wir uns satt essen. Nach kurzer Zeit verließen die Menschen das Grundstück und wir schlenderten zum Teich, wo wir unseren Durst stillten. Wir saßen gerne an dem Teich. Hier gab es Fische, die wir gespannt beobachteten und viele Steine, unter denen sich Tiere verstecken konnten. Die vielen Mäuse, die hier lebten, hatten Verstecke rund um den Teich. Heute waren unsere Bäuche gut gefüllt und wir legten uns zum Schlafen in die Sonne. Es war früh am Morgen und recht kühl. Die Sonne wärmte unser Fell und das liebten wir.

„Es wäre doch so schön, wenn wir bei lieben Menschen immer genug zu essen hätten," seufzte Lela.

„Ja, das wäre sehr schön," sagte ich.

„Ja, das wäre schön, aber wir haben keine Menschen," sagte Aischa. „Wir sind Streuner und damit basta. Findet euch endlich damit ab"

Lela und ich schwiegen. Ich wusste, was Lela dachte und Lela wusste, was ich dachte. Wir wollten unser Schicksal selbst in die Hand nehmen und in einem Zuhause leben. Davon würden wir uns nicht abbringen lassen.

Nach einem ausgiebigen Schläfchen machten wir uns auf den Rückweg. Wir hatten den ganzen Tag verschlafen und die Sonne stand nun schon tief. Bald würde der Einkaufsmarkt schließen. Dann mussten wir zur Stelle sein, um nach Futter in dem Müllcontainer zu angeln. Inzwischen hatten wir gelernt, dass wir schnell sein mussten, damit uns die älteren Katzen unsere Happen nicht streitig machten und wir hatten gelernt, den Menschen zu vertrauen, die in dem Einkaufsmarkt arbeiteten. So bekamen wir und ein paar andere Katzen, die die Nähe der Menschen suchten, die besten Happen. Es kam immer darauf an, welche Menschen in dem Einkaufsmarkt arbeiteten. Es gab einen Mann und zwei Frauen, die uns, wenn sie am Nachmittag arbeiteten, Schüsseln mit Katzenfutter hinstellten. Diesen Menschen vertrauten wir und ließen es sogar zu, dass sie uns streichelten.

„Uns geht es doch hier richtig gut," sagte Aischa wieder einmal, als wir mit gut gefüllten Bäuchen in unserer Höhle lagen.

„Aber in einem Zuhause, bei Menschen, die uns lieben, wäre es viel schöner," sagte ich und Lela nickte eifrig.

„Wie wollt ihr das erreichen," fragte Aischa. „Die Menschen, die uns hier füttern wollen uns auch nicht mitnehmen."
„Ja, aber Pauline hat gesagt, dass Katzenkinder, die in die Gitterboxen gehen in ein Zuhause kommen," sagte Lela. „Woher will Pauline das wissen," fragte Aischa ärgerlich. „Soweit ich weiß hat Pauline schon immer auf der Straße gelebt und war froh, dass sie den Einkaufsmarkt gefunden hat."
„Mhm, so genau weiß ich das nicht," sagte ich. „Aber wir können Pauline fragen."
„Ja genau, weil sich Pauline so gerne mit uns unterhält," sagte Aischa. „Sie ist nur genervt von uns."
„Aber Pauline kennt sich aus und deshalb werden wir sie fragen," entgegnete ich eigenwillig.
„Okay, okay, wir werden sie fragen. Aber heute nicht mehr. Ich will jetzt schlafen. Oder ihr geht ohne mich," sagte Aischa genervt.
Wir blieben in der Höhle. Lela und ich waren ebenfalls sehr müde und so schliefen wir aneinander gekuschelt ein.
Am nächsten Morgen waren wir ausgeruht und voller Tatendrang. Wir machten uns auf den Weg um nach Pauline zu suchen, die nicht in der Höhle war. Es war noch

dunkel und wir machten einen Abstecher zu dem Futterhaus, um Trockenfutter zu essen. Zu unserer Freude gab es etwas Nassfutter, obwohl die Frau am Vortag nicht da war. Manchmal stellten tierliebe Kunden des Einkaufsmarktes, die von den Katzen wussten, Futter in das Futterhaus. Die anderen Katzen hatten das Futter noch nicht entdeckt und das war an diesem Morgen unser großes Glück. Als wir satt waren, begaben wir uns auf die Suche nach Pauline. Wir durchstreiften den kleinen Wald und machten einen Abstecher zu dem Grundstück mit dem Teich. Von Pauline fehlte jede Spur. Wir gingen in den Stall, um nachzusehen, ob noch Futter da war. Der ein oder andere leckere Happen hätte in unseren Bäuchen noch Platz gehabt, doch im Stall stand nur eine kleine Schüssel mit Trockenfutter. Darauf hatten wir keinen Appetit und so durchstreiften wir das Grundstück mit dem Teich auf der Suche nach Pauline. Leider hatten wir kein Glück. Schließlich entschlossen wir uns, zurück zur Höhle zu laufen. Lela und ich freuten uns sehr, als wir Pauline schlafend in der Höhle vorfanden. Wir wollten sie wecken, doch Aischa hielt uns davon ab.

„Pauline wird sehr böse sein, wenn ihr sie aufweckt," sagte Aischa.

Lela und ich sahen ein, dass das wirklich keine gute Idee war und so warteten wir geduldig bis Pauline erwachte. Unsere Geduld wurde auf eine harte Probe gestellt, denn Pauline schlief tief und fest bis in den Nachmittag hinein. Als sie endlich wach wurde und mit der Fellpflege begann, hatte unsere Geduld, die bekanntlich nicht zu den bevorzugten Eigenschaften von Katzenkindern gehörte, ein Ende. Zu groß war unsere Neugier, wobei Aischa keine Interessen an den für Lela und mich wichtigen Informationen hatte. Sie war nach einem ausgiebigen Schläfchen nach draußen verschwunden.

„Pauline, wir haben noch ein paar Fragen an dich," begann ich vorsichtig.

„Aha, da sind ja wieder die Nervensägen," sagte Pauline und wir waren froh, dass sie nach dem ausgiebigen Schlaf gut gelaunt zu sein schien. „Was wollt ihr wissen?"

„Na ja, du hast doch gesagt, dass wir, wenn wir in ein Zuhause wollen, in eine der Gitterboxen klettern sollen, die die Frau nachts hinstellt," fragte ich und platzte fast vor Neugier.

„Ja das habe ich gesagt," antwortete Pauline und war immer noch mit der Fellpflege beschäftigt.

„Woher weißt du das," fragte Lela.

„Na ja, vor ein paar Jahren habe ich eine Katze getroffen, die in einem Zuhause lebte und sie hat mir erzählt, dass sie, als sie ein Katzenkind war, in so einer Gitterbox war. Sie hatte großen Hunger und konnte dem leckeren Futter in der Box nicht widerstehen. Als sie rein kletterte, ging die Klappe zu und sie kam nicht raus. Am nächsten Morgen kam die Frau und hat sie mitgenommen. Sie blieb ein paar Wochen bei der Frau und musste zum Tierarzt. Eines Tages hat die Frau sie zu ihren neuen Menschen gebracht," erzählte uns Pauline.

„Kommen alle Katzen, die in die Gitterboxen gehen in so ein schönes Zuhause," fragte Aischa, die zurückgekommen war.

„Das kann ich dir nicht sagen. Ich kenne nur die Geschichte von einer Katze," antwortete Pauline.

„Das habe ich euch doch gesagt," wand sich Aischa an Lela und mich. „Niemand weiß, ob jede Katze in ein schönes Zuhause kommt. Kapiert das endlich! Hier gibt es einige Katzen, die aus ihrem

Zuhause weggelaufen sind, weil die Menschen böse waren."

„Da muss ich eurer Schwester recht geben," sagte Pauline. „Hier leben viele Katzen, die ein Zuhause hatten, aber an böse Menschen geraten sind. Ich kenne sogar eine, die wurde von ihrem Menschen einfach hier ausgesetzt."

Lela und ich waren ratlos. Was sollten wir tun? Sollten wir das Risiko eingehen und in eine Gitterbox klettern? Ein guter Mensch, wie die Frau, die uns immer Futter brachte, würde uns doch bestimmt nicht zu bösen Menschen geben. Vielleicht konnten wir sogar bei ihr bleiben! Was hatten wir schon zu verlieren? Seit sich unsere Mutter kaum noch um uns kümmerte, mussten wir Tag für Tag um unser Überleben kämpfen. Lela hatte seit ein paar Tagen so einen merkwürdigen Schnupfen, der nicht angenehm für sie war. Manche Katzen, die hier lebten, hatten Verletzungen von Kämpfen mit anderen Katzen. Der tägliche Kampf um die Reste aus dem Müllcontainer war gefährlich.

Am Abend kam die Frau und stellte einige der Gitterboxen auf. Sie stellte leckeres Futter in die Boxen. Im Futterhaus hatte sie schon seit ein paar Tagen kein Futter mehr deponiert. Wir wussten natürlich nicht, dass sie das tat, um Katzen in die Gitterboxen zu locken. Das tat die Frau, um uns zu helfen, denn sie wollte verhindern, dass immer mehr Katzen geboren wurden, die ohne Menschen leben mussten. Wir waren hungrig, denn die Menschen, die im Einkaufsmarkt arbeiteten, hatten uns heute kein Futter hingestellt und im Müllcontainer gab es nur wenige Abfälle für uns Katzen. So blieb nur noch die Mäusejagd und wenn wir Glück hatten, gab es im Stall auf dem Grundstück mit dem Teich ein wenig Futter für uns. „Was sollen wir tun, Lela? Sollen wir es wagen," fragte ich meine Schwester, die, wie ich, auch sehr hungrig war. Meine Schwester nickte und gemeinsam krochen wir in eine Gitterbox und machten uns über das leckere Futter her. Die Klappe schloss sich und wir sahen Aischa, die traurig bei der Box saß. Aischa blieb noch eine Weile bei uns. Dann blieben wir alleine zurück. Voller Angst kuschelten wir uns aneinander und als es hell wurde, kam die Frau, deckte unsere Box mit einer Decke zu und trug sie weg. Unsere Angst war riesengroß, als wir lautes Dröhnen hörten. Wir sahen nicht, dass wir im Kofferraum eines der stinkenden Dinger waren, vor denen uns unsere Mutter immer gewarnt hatte. Neben uns hörten wir eine andere Katze, die verzweifelt versuchte, sich aus einer Gitterbox zu befreien. Das Dröhnen wurde lauter und wir wurden hin und her geschüttelt.

„Tiger, ich habe solche Angst," sagte Lela.

„Ich auch, Lela," sagte ich. Wir bereuten unseren Mut, doch für ein Zurück war es längst zu spät.

2. Kapitel

Schnell war die Fahrt zu Ende. Das laute Dröhnen verstummte und die Box, in der wir saßen, wackelte nicht mehr. Wir ahnten, dass die Katze in der Box nebenan weggebracht wurde, denn sie schrie jämmerlich. Dann waren Lela und ich an der Reihe. Wir wurden weggetragen. Was um uns herum geschah, wussten wir nicht, denn die Decke, die uns verhüllte, verhinderte, dass wir unsere Umgebung erkennen konnten. Dieser Umstand war nicht sehr beängstigend, denn irgendwie vermittelte die Decke über der Box uns eine gewisse Sicherheit. Als wir nicht mehr in Bewegung waren, wurde die Decke weggenommen. Wir erblickten die Frau, die uns immer Futter in das Futterhaus gestellt hatte.
„Na, ihr Süßen, jetzt beginnt ein neues Leben für euch," sagte die Frau. Natürlich verstanden wir den Sinn ihrer Worte nicht, doch ihre Stimme hatte einen angenehmen Klang und die Frau war für uns keine Unbekannte. Wir hatten sie sooft beobachtet, wie sie Futter in das Futterhaus gestellt hatte. Sie konnte kein schlechter Mensch sein. Obwohl wir sie aus angstvollen Augen anblickten, spürten

wir, dass sie es gut mit uns meinte. Die Frau öffnete die Gitterbox und sagte: „Kommt ihr kleinen Mäuse hier ist jetzt erst einmal euer Zuhause."
Es dauerte eine Weile bis wir uns trauten aus der Box zu klettern. Die Frau hatte uns Schüssel mit Futter hingestellt. Dem Duft, welcher von dem Futter ausging, konnten wir nicht lange widerstehen. Die Frau beobachtete uns aus einiger Entfernung und verließ schließlich den Raum. Wir machten uns über das Futter her. Es schmeckte wunderbar. Als unsere Bäuche gut gefüllt waren, ging es uns richtig gut. Wir trauten uns das Zimmer, in dem wir uns befanden, zu erkunden. Wir hatten noch nie einen geschlossenen Raum betreten. Die Behausungen der Menschen kannten wir nur aus den neugierigen Blicken, die wir durch Fenster oder Balkontüren in die Wohnungen von Menschen geworfen hatten. Jetzt waren wir in so einem Raum und das, was wir sahen, erfüllte uns mit Zuversicht. Es gab neben den reichlich gefüllten Futterschüsseln Kissen und Katzenbetten, die herrlich weich und kuschelig waren. Wir legten uns kurz in eines der Katzenbetten und waren begeistert. Es war so herrlich weich und warm. Noch nie hatten wir so

etwas gesehen! Unsere Erkundungstour durch das Zimmer wurde unterbrochen, als zwei Katzen, die nur wenig älter waren, als wir in dem Zimmer auftauchten.

„Wer sei ihr," fragte eine Tigerkatze, die mir sehr ähnlich sah.

„Ich bin Tiger und das ist meine Schwester Lela und wie sind eure Namen," fragte ich freundlich.

„Ich bin Peter und das ist Paul," sagte die Tigerkatze. „Hat euch die Frau eure Namen gegeben?"

„Nein, unsere Namen haben wir von unserer Mutter bekommen," sagte Lela, die sich hinter mir versteckt hatte.

„O, da bekommt ihr sicher neue Namen," sagte die Tigerkatze, die sich als Peter vorgestellt hatte.

„Nein, wir haben schon Namen," sagte ich.

„Woher soll die Frau wissen, wie eure Namen sind," mischte sich Paul in die Unterhaltung. „Ihr könnt der Frau ja schlecht eure Namen sagen."

Ich sah ein, dass die Katze recht hatte.

„Ist das hier ein Zuhause," fragte ich.

„Mhm, ich weiß nicht so genau," sagte Peter. „Hier ist es ganz gut, mal davon abgesehen, dass wir nicht frei rumlaufen können. Ob das hier ein Zuhause ist, kann ich dir nicht sagen."

„Aber ihr wohnt doch hier," sagte Lela. „Hier ist es so schön! Die kuscheligen Bettchen und das leckere Futter. Einfach wundervoll. Wie lange lebt ihr schon hier?"

„Mhm, ich weiß nicht so genau. Schon eine ganze Weile. Wir waren schon bei einem Tierarzt und der hat unsere Bäuche aufgeschnitten," erklärte uns Paul.

„Wie schrecklich! Das hat bestimmt furchtbar wehgetan," sagte ich voller Angst.

„Nein, nein, das war nicht schlimm. Das hat nur ein wenig wehgetan und die Frau war ganz lieb zu uns," sagte Peter.

„Was macht ihr hier den ganzen Tag," wechselte ich das Thema, denn die Aussicht, dass unsere Bäuche aufgeschnitten wurden, machte mir große Angst.

„Wir sind meistens draußen," sagte Paul.

„Wo ist draußen," fragte Lela neugierig.

„Kommt mit," sagte Paul.

Wir folgten den beiden und gelangten durch eine merkwürdige Klappe in einen Garten, der von einem hohen Zaun umgeben war. Hier gab es viele Klettermöglichkeiten und wir erkundeten neugierig unsere neue Umgebung.

„Können wir hier raus," fragte ich Peter und Paul.

„Nein, an dem Zaun ist Schluss," sagte Paul.

Lela und ich fanden unser Zuhause ganz gut, obwohl es nicht so war, wie Pan uns erzählt hatte. Die Frau kam zwar oft zu uns, um uns zu füttern und mit uns zu spielen, aber das war nicht so, wie Pan uns von seinem Zuhause berichtet hatte. Pan konnte immer raus und seine Menschen waren immer für ihn da. Wenn es ihm zu kalt war, konnte er zu seinen Menschen unter die Bettdecke klettern. So war dieses Zuhause nicht, aber es gab herrlich weiche Kuschelbetten und immer genug zu essen. Das war schon viel besser als unser Leben in der Höhle. Natürlich vermissten wir Aischa, unsere Mutter und die anderen Katzen. Wir hatten uns ein neues Leben gewünscht und nun hatte sich unser Wunsch erfüllt. Vielleicht würde es noch besser werden.

Marie freute sich, dass die verwilderten Katzenkinder, die sie vor Kurzem eingefangen hatte, schnell Vertrauen fassten. Sie war froh, dass sie diese Katzenkinder vor einem Leben auf der Straße bewahren konnte. Marie hatte vor ein paar Jahren eine schlimme Krebserkrankung überstanden. In der

schweren Zeit nach ihrer Erkrankung, die von Hoffnungslosigkeit gekennzeichnet war, fand Marie die heimatlosen Katzen. Nach der endlos langen Zeit, in der sie um ihr Leben kämpfte, hatte sie sich von ihrem Lebensgefährten getrennt. Marie, die dem Tod ins Gesicht geblickt hatte, fand keine Gemeinsamkeiten mehr mit dem Mann, der über zehn Jahre ein Bestandteil ihres Lebens war.
So hatte Marie ihr ganzes Leben hinterfragt. Dazu hatte sie reichlich Zeit. Eine Rückkehr in den normalen Berufsalltag war zu dieser Zeit undenkbar. Marie hatte viel zu viel Zeit, die sie nicht zu nutzen wusste, und das stürzte sie oft in eine tiefe Verzweiflung. Eines Tages beschloss Marie der Kraftlosigkeit, die ihren Körper nach der schweren Krankheit ergriffen hatte, den Kampf anzusagen. Sie nahm sich vor, jeden Tag einen Spaziergang zu machen. Am Anfang war sie schnell erschöpft, doch nach kurzer Zeit spürte sie, wie ihre Kräfte zurückkehrten und sie sich besser fühlte. Ihr täglicher Spaziergang führte sie an einem Einkaufsmarkt vorbei. Manchmal trank sie dort einen Kaffee oder kaufte ein paar Lebensmittel ein.

An einem Morgen im Frühling war Marie schon sehr früh unterwegs. Eine schlaflose Nacht lag hinter ihr. Ihre Gedanken hatten sich die ganze Nacht im Kreis gedreht. Zukunftsangst und die Angst, dass der Krebs zurückkommen könnte, hatten sie in eine tiefe Hoffnungslosigkeit stürzen lassen. Als der Morgen dämmerte, hatte sie sich angezogen und fluchtartig ihre Wohnung verlassen. Die kühle Morgenluft und die Bewegung an der frischen Luft hatten sie beruhigt. Schließlich war sie an dem Einkaufsmarkt angekommen und sie wollte gerade nachsehen, wann dieser öffnete, als sie eine schwarze, sehr dünne Katze erblickte. Marie hielt inne. Das Tier sah erbärmlich aus. Eine Welle aus Mitleid und dem Wunsch, diesem armen Tier zu helfen, durchflutete Marie. Sie war dem Kätzchen gefolgt, das zu der Rückseite des Einkaufsmarktes lief. Bei den Mülltonnen erblickte Marie zwei weitere Katzen.

„Was suchen Sie hier. Hier dürfen Sie sich nicht aufhalten," durchbrach die Stimme eines Mannes die morgendliche Stille.

„Ich wollte nur nach den Katzen sehen," sagte Marie. „Ich habe mich gewundert, weil sie so dünn sind."

„Achso. Ja, das sind verwilderte Katzen," sagte der Mann. „Sie kommen zu dem

Müllcontainer, um nach Futter zu suchen. Na ja, meistens stellen wir ihnen die Tüten mit den Resten einfach neben den Container. Dann werfen sie nicht den ganzen Müll raus."

„Wie viele Katzen leben hier," fragte Marie, die erahnen konnte, dass es diesen Tieren nicht besonders gut ging.

„Ich weiß nicht so genau," sagte der Mann. „Im letzten Jahr waren Leute vom Tierschutz da und haben die Katzen kastriert. Es gab viele junge Katzen und einige wurden überfahren. Die Leute vom Tierschutz haben die jungen Kätzchen eingefangen und nach Menschen für sie gesucht. Die älteren Katzen wurden kastriert und zurückgebracht. Wissen Sie, ältere Streuner will niemand, weil sie kein Vertrauen zu Menschen haben. Das hat mir eine der Frauen erzählt, die die Katzen eingefangen hat. Ich habe früh am Morgen immer in den Fallen nachgesehen und die Frau angerufen, wenn Katzen darin gefangen waren. Die armen Tiere können einem ja leidtun."

Marie verabschiedete sich von dem Mann, der in dem Einkaufsmarkt arbeitete. Sie machte sich auf den Heimweg. Den Kaffee, den sie eigentlich im Einkaufsmarkt, der inzwischen geöffnet hatte, trinken wollte, war vergessen.

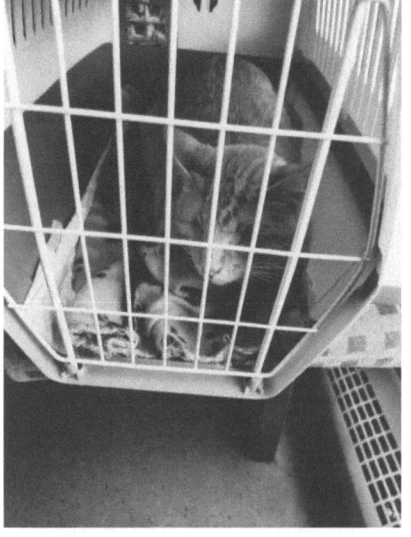 Den Rest des Tages dachte Marie ständig an die Katzen. Die Tiere taten ihr in der Seele leid. Marie liebte Tiere über alles und hatte von Kinderbeinen an immer Haustiere, auch Katzen. Zwei Jahre, bevor sie an Krebs erkrankte, waren die beiden Katzen, die bei ihr lebten, nacheinander gestorben. Marie und ihr Lebensgefährte hatten entschieden, keine Tiere mehr anzuschaffen. Sie waren beide beruflich sehr eingespannt und wollten endlich in Urlaub fahren, ohne dafür sorgen zu müssen, dass sich jemand um die Katzen kümmerte. Jetzt, nachdem die gnadenlose Krankheit Marie aus ihrem alten Leben gerissen hatte, war eine Leere in ihr, die sie nicht füllen konnte. Am Anfang hatte Marie geglaubt, dass es mit der Trennung von ihrem Lebensgefährten zusammenhing und sie hatte nach einem

neuen Partner gesucht. Doch sie traf niemand, der die Leere in ihrem Leben füllen konnte. Bis zu dem Morgen, an dem sie auf die verwilderten Katzen traf. Marie hatte Futter besorgt und war am nächsten Morgen in aller Frühe zu dem Einkaufsmarkt gelaufen, um die Katzen zu füttern. Aus einer sicheren Entfernung beobachtete sie die Tiere, die sich gierig auf das Futter stürzten. Marie kam auch an den nächsten Tagen und die Sorge für die Katzen erfüllte sie mit einer Zufriedenheit, die sie so lange nicht mehr gespürt hatte. Sie sprach mit dem Leiter des Einkaufmarktes und erhielt die Erlaubnis, ein Futterhaus für die Katzen aufzustellen. Mit Feuereifer machte sich Marie daran, im Baumarkt Material zu besorgen und ein Futterhaus zu bauen. Das Ergebnis konnte sich sehen lassen. Jetzt konnte sie den Katzen Trockenfutter in das Futterhaus stellen und so hatten sie an den Tagen, an denen sie nicht zum Einkaufsmarkt kam immer etwas zu fressen.

Als sie von den Mitarbeitern des Einkaufsmarktes erfuhr, dass junge Katzen dabei waren, wusste Marie, dass die Katzen dringend kastriert werden mussten. Sie besorgte sich von den Mitarbeitern des Einkaufsmarktes den Namen der

Tierschutzorganisation, die hier bereits Katzen kastriert hatte. So lernte sie nicht nur nette Menschen kennen, sondern half aktiv mit verwilderten Katzen zu einem besseren Leben zu verhelfen. Marie lebte alleine in dem Haus, welches sie von ihren Großeltern geerbt hatte. Schon bald wurde aus den vier Zimmern der ersten Etage ein Katzenparadies. Zwei der Zimmer nutzte sie als Krankenstation. Hier konnten sich kastrierte Katzen nach der OP erholen, bevor sie an die Futterstellen zurückkehrten. Inzwischen versorgte Marie an drei Futterstellen verwilderte Katzen. Sie stellte Fallen auf, damit die Katzen kastriert werden konnten und vermittelte junge Katzen in ein Zuhause. Marie hatte sich der Tierschutzorganisation angeschlossen und nachdem klar war, dass sie nicht in ihren Beruf zurückkehren konnte, waren ihre Tage erfüllt mit der Hilfe für heimatlose Katzen. Mit zwei befreundeten Frauen organisierte sie Flohmärkte, damit Geld für die Tiere in ihre magere Kasse kam.

Marie hatte den großzügigen Garten ihres Hauses mit einem hohen Zaum umgeben, der die jungen Katzen, die bei ihr auf eine Vermittlung warteten, daran hinderte wegzulaufen. Die Katzenkinder lebten in zwei Zimmern, die einen Zugang zum Garten hatten.

Lela und ich fanden unser neues Zuhause ganz gut. Der Umstand, dass wir den Garten nicht verlassen konnten, hatte uns die ersten Tage gestört, doch die gemütlichen Bettchen und das leckere Futter, an dem wir uns jeden Tag satt essen konnten, entschädigte uns für die verlorene Freiheit. Wir überstanden die OP, die verhindern sollte, dass noch mehr Katzen kein Zuhause hatten und wir erholten uns schnell. Unsere beiden Freunde verließen uns eines Tages. Die Frau hatte für sie ein schönes Zuhause gefunden. Die beiden hatten große Angst und wären viel lieber bei uns geblieben, doch sie hatten keine Wahl.

Eines Morgens kam die Frau mit einer Transportbox in das Zimmer und als sie diese öffnete, staunten wir nicht schlecht, als Aischa aus der Box kletterte.

„Wo kommst du denn her," freute sich Lela. Wir hatten unsere Schwester sehr vermisst.

„Och, ich habe euch vermisst und außerdem hatte ich großen Hunger. Die Frau hat kein Futter ins Futterhaus gestellt und unsere Mutter kümmert sich nicht mehr um mich," berichtete Aischa. „So habe ich mich entschlossen in eine Gitterbox zu klettern. Vielleicht haben wir ja Glück und kommen in ein schönes Zuhause."

„Aischa, ich freue mich so sehr, dass du bei uns bist," sagte ich glücklich. „Schau nur, hier gibt es leckeres Futter so viel wie du essen kannst."

Aischa ließ sich das nicht zweimal sagen. Sie hatte schrecklichen Hunger. Sie überwand sogar ihre Angst vor der Frau, die sie aus einiger Entfernung beobachtete, nachdem sie die Schüsseln aufgefüllt hatte.

„So, jetzt seid ihr drei komplett," sagte Marie liebevoll. „Ich werde ein schönes Zuhause für euch alle finden."

Wir fanden unser neues Zuhause sehr gut und hatten uns mit den anderen beiden Katzen angefreundet, die mit uns zusammenlebten. Sie waren nach Peter und Pauls Auszug zu uns gekommen. Eines Tages kam die Frau mit einer Frau und einem Mann in unsere Zimmer. Traurig mussten wir mitansehen, wie unsere neuen Freunde in eine Transportbox verschwanden und aus dem Zimmer getragen wurden. Wir hofften, dass die beiden wieder zurückkamen. Das war bei uns drei so gewesen, als wir zum Tierarzt mussten. Unsere neuen Freunde blieben, wie Peter und Paul verschwunden.

„Sind die Katzen, die von hier wegmüssen, jetzt in einem schönen Zuhause," fragte Lela traurig.

„Ja, ich glaube, sie sind jetzt in einem schönen Zuhause," sagte ich und die Aussicht, dass ich von meinen Geschwistern getrennt werden könnte, machte mich sehr traurig.

Ein paar Wochen später wurden unsere Befürchtungen zur Gewissheit. Lela und Aischa verließen in einer Transportbox unser Zuhause. Ich blieb traurig alleine zurück. Kurze Zeit später kam die Frau und setzte sich zu mir.

„Na, du kleines Pummelchen. Du bist bestimmt traurig, weil du jetzt alleine bist," sagte sie.

Die Frau nannte mich immer kleines Pummelchen, weil ich, seit ich bei ihr lebte, ganz schön an Gewicht zugelegt hatte. Aus mir war ein großer stolzer Kater geworden, den Marie sehr liebte. Marie konnte dem Charme ihres Pummelchens, der traurig dasaß, nicht widerstehen. Sie beschloss, dass er bei ihr bleiben sollte, bis sie ein Zuhause für ihn gefunden hatte.

So hatte ich zum ersten Mal in meinem Leben meinen Menschen mit dem ich nach Herzenslust kuscheln konnte und der mich verwöhnte. Marie, die bereits fünf Katzen hatte, die bei ihr lebten, hatte sich unsterblich in mich verliebt und die Versuche, ein Zuhause für mich zu finden, verliefen im Sand. Ich hatte mir ein Zuhause bei Marie erkämpft und das war so schön. Eines Abends, als ich bei Marie auf dem Sofa saß, sagte sie:
„Na, mein kleines Pummelchen, ich glaube, du bleibst für immer bei mir, also brauchst du einen richtigen Namen. Pummelchen ist ja kein richtiger Name. Ich werde dich Luis nennen."
Natürlich verstand ich nicht, was Marie mir erzählte. Ich genoss ihre sanfte Stimme, die mich zärtlich streichelte. Mit der Zeit lernte ich zu ihr zu kommen, wenn sie Luis rief. So hatte ich mir ein eigenes Zuhause erobert, das ich mit fünf anderen Katzen teilen musste, was aber nicht schlimm war, denn ich mochte alle fünf. Nach ein paar Wochen durfte ich nach draußen. Den gesicherten Garten zu verlassen war nicht so leicht. Ich musste warten, bis Marie mich raus- oder rein ließ. Am Anfang blieb ich in der Nähe des Hauses, aber mit der Zeit wurde mein Radius größer. Eines

nachts, als ich wieder einmal auf der Pirsch war, entdeckte ich den Einkaufsmarkt, in dessen Nähe ich die ersten Monate meines Lebens verbracht hatte. Inzwischen war ich ein ausgewachsener Kater. Voller Neugier lief ich zu der Höhle, in der ich mit meiner Mutter und den Schwestern gelebt hatte. Ich hatte Glück und traf auf meine Mutter.

„Mama, ich bin so glücklich, dich zu sehen," sagte ich.

„Wer bist du," sagte meine Mutter und ich war sehr enttäuscht.

„Ich bin dein kleiner Tiger," sagte ich.

„O, du bist aber groß geworden," sagte meine Mutter. „Hast du ein Zuhause gefunden? So, wie du dir das gewünscht hast?"

„Ich habe das beste Zuhause auf dieser Welt," sagte ich.

„Dann pass' auf, dass du es nie wieder verlassen musst," sagte meine Mutter.

„Was ist mit Lela und Aischa?"

„Das kann ich dir leider nicht sagen. Sie wurden in ein Zuhause vermittelt. Seitdem habe ich sie nicht mehr gesehen," sagte ich. „Wie ist es dir ergangen?"

„Ich bin in einer Nacht in eine Gitterbox geklettert. Ich solch großen Hunger," sagte meine Mutter. „Die Frau hat mich aber nicht mitgenommen, weil ich schon beim Tierarzt war."

„Du könntest mit mir kommen. Meine Marie hat bestimmt noch ein Plätzchen für dich," sagte ich.

„Meinst du wirklich," fragte meine Mutter erstaunt.

„Marie ist der beste Mensch, den du dir vorstellen kannst," erwiderte ich.

Meine Mutter folgte mir in dieser Nacht zu Maries Haus, doch als wir dort ankamen, traute sie sich nicht durch die Katzenklappe, um auf das Grundstück zu gelangte. Ich zeigte ihr eine Hundehütte, in die Marie immer Katzenfutter für die Igel und ein paar Katzen stellte, die durch das Dorf streunten. So konnte sich meine Mutter satt essen und darüber war sie sehr glücklich.

„Weißt du, mein Tiger," sagte sie. „Ich bin schon so lange auf der Straße und ich glaube nicht, dass ich in einem Haus leben könnte. Für dich ist ein Leben als Hauskatze möglich. Du bist jung und hast dich schnell daran gewöhnt."

„Das ist schade," sagte ich traurig.

„Bitte nicht traurig sein, kleiner Tiger. Ich bin glücklich, dass ich dich getroffen habe und jetzt eine neue Futterstelle kenne," sagte meine Mutter und wand sich zum Gehen.

Von dieser Nacht an kam meine Mutter regelmäßig zu Maries Haus, um sich satt zu essen. Ich freute mich jedes Mal, wenn ich meine Mutter traf und hoffte, dass sie mir eines Tages ins Haus folgen würde. Das Leben bei meinem besten Menschen, den es auf dieser Welt gab, war wunderschön. Längst verband mich eine enge Freundschaft mit vier der anderen Katzen, die bei Marie lebten. Eine der Katzen, eine Katzendame, mochte ich besonders gern. Minou, wie Marie sie nannte, hatte es mir vom ersten Tag an angetan. Die dreifarbige Glückskatze hatte eine besonders liebevolle Art und sie kümmerte sich um mich. So folgte ich Minou auf Schritt und Tritt, kuschelte mich an sie, wenn sie auf ihrem Lieblingssessel schlief. Minou genoss es mit mir zu kuscheln und so waren wir bald unzertrennlich. Die drei anderen Katzen mochte ich auch sehr gern, nur zu Tom, einem grauschwarzen Kater hielt ich Abstand. Tom war ein Einzelgänger und fauchte, sobald ihm eine andere Katze zu nahekam. Tom mochte auch die meisten Menschen nicht. Nur Marie vertraute er bedingungslos. Marie war sehr stolz auf ihren Tom, denn es hatte lange gedauert, bis er sich von ihr streicheln ließ. Der Kater war eines nachts in einer ihrer Lebendfalle gelandet. Schnell war klar, dass der Kater ein verletztes Hinterbein hatte. Marie hatte ihn zum Tierarzt gebracht, der ihm eine Narkose verabreichen musste, um die Wunde behandeln zu können. Bei der Untersuchung stellte der Tierarzt fest, dass er schon kastriert war und eine Tätowierung im Ohr hatte. Maries Versuche, seine Besitzer zu finden, verliefen im Sand. Der Kater, welcher offensichtlich in einem Zuhause gelebt hatte, erwies sich als schwer verhaltensgestört. Die Vermutung lag nahe, dass er Schlimmes erlebt hatte und vielleicht weggelaufen war. Vielleicht hatte man sich auch seiner entledigt und ihn ausgesetzt. Jedenfalls wurde Tom, wie Marie ihn getauft hatte, von niemandem vermisst. Für Marie und Tom folgte eine schwere Zeit. Der Kater war sehr misstrauisch. Er schlug und biss nach Marie, wenn diese versuchte, ihn zu streicheln. Es dauerte fast zwei Jahre, bis Tom Vertrauen zu Marie fasste und Streicheleinheiten von ihr genießen konnte. Anderen Menschen gegenüber blieb Tom misstrauisch und knurrte, wenn Besucher die Wohnung betraten. Manchmal machte Tom bei Menschen aber eine Ausnahme. Zu diesen Menschen ging Tom hin, rieb seinen Kopf an ihren Beinen und ließ sich streicheln. Marie war immer sehr überrascht, wenn ihr Kampfkater, wie sie Tom liebevoll nannte, dieses Verhalten an den Tag legte. Dabei handelte es sich um Menschen, die Tom überhaupt nicht kannte. Ein Mann, der Reparaturen für Marie erledigte, gehörte zu Toms Auserkorenen. Diesen älteren Mann mochte Tom auf Anhieb. Als er das erste Mal in seine Nähe kam, lief Tom mit hocherhobenem Schwanz auf den Mann zu und rieb seinen Kopf an dessen Beinen. Der Mann bückte sich, um Tom ausgiebig zu streicheln. Marie, die diese Szene beobachtete, war sprachlos, denn zu diesem Zeitpunkt vermied er noch jeden Kontakt zu ihr.

Mit der Zeit wurde Tom immer zutraulicher Marie gegenüber und lernte die anderen Katzen zu tolerieren. Freundschaft schloss er mit ihnen nicht. Solange sie Abstand hielten, ignorierte Tom sie. Kamen sie Tom zu nahe, ertönte ein böses Knurren und Fauchen. Die anderen Katzen lernten mit dem eigensinnigen Tom umzugehen und so kam die Katzengruppe gut miteinander aus.

Eines Tages kam eine Frau mit einer Transportbox zu Marie. Die Frau hatte bei Marie angerufen, weil sie in ihrem Garten eine Katze gefunden hatte, die offensichtlich blind war. Die Dame selbst hatte einen Hund, der keine Katzen mochte, aber sie machte sich Sorgen um das blinde Kätzchen, das draußen nicht alleine zurechtkam. Das arme Tier war völlig abgemagert und verängstigt. Sie hatte sich an Marie erinnert, die sie eines Tages auf dem Markt kennengelernt hatte. Die Frauen waren ins Gespräch gekommen und hatten sich auf Anhieb gut verstanden. In der nächsten Zeit trafen sie sich hin und wieder zum Kaffeetrinken. So hatte die Frau, die Klara hieß, erfahren, dass Marie sich um heimatlose Katzen kümmerte.

Als Klara an diesem Morgen das halb verhungerte Tierchen zu Marie brachte, war schnell klar, dass es Hilfe brauchte. Marie gab dem Katzenmädchen sofort Futter, was die Kleine gierig verschlang. Nach dem ausgiebigen Mahl lief die Katze sich von den Frauen ausgiebig streicheln und kuschelte sich voller Vertrauen an sie. „Was für ein liebes Kätzchen," sagte Klara.

„Schade, dass mein Frido so ein Katzengegner ist. Ich würde die Kleine so gerne bei mir aufnehmen. Was wirst du mit ihr tun, Marie? Ich hoffe, sie muss nicht in ein Tierheim. Das könnte ich nicht ertragen."

„Nein, nein, ich werde sie nicht ins Tierheim bringen," seufzte Marie, die inzwischen zwölf Katzen beherbergte. „Irgendwie bekomme ich auch diese arme kleine Maus satt."

„Ich werde dir Futter bringen und die Tierarztkosten für sie übernehmen," sagte Klara.

„Das ist lieb, Klara. So langsam komme ich an meine finanziellen Grenzen," sagte Marie.

So blieb Lilly, wie Marie sie taufte, bei uns. Ich hatte noch nie Kontakt zu einer blinden Katze und wusste nicht, dass es Katzen gab, die nichts sehen konnten. Mir fiel auf, dass Lilly sich anders verhielt als die Katzen, die ich kannte. In den ersten Tagen erkundete sie vorsichtig die Wohnung und den gesicherten Garten. Hin und wieder stieß sie mit dem Kopf an einen Gegenstand, der im Weg war. Ich wunderte mich sehr und begann ein Gespräch mit Lilly.

„Hallo, ich bin Tiger oder, wie Marie mich nennt, Luis und wer bist du," fragte ich das hübsche, schwarze Mädchen. Ich mochte die Kleine auf Anhieb.

Die Katze wich erschrocken vor mir zurück. „Bitte tu mir nichts. Ich kann dich nicht sehen," sagte sie ängstlich. „Ich habe den Namen Lilly bekommen."

„Aber Lilly, ich will dir doch nichts tun," sagte ich erschrocken. „Ich möchte dich nur kennenlernen. Warum kannst du mich nicht sehen?"

Ich hatte noch nie eine blinde Katze getroffen. Mir war nur aufgefallen, dass sich Lilly etwas unsicher bewegte.

„Ich bin blind," sagte Lilly. „Meine Augen können nichts sehen."

„Das ist ja schrecklich," sagte ich voller Mitgefühl.

„Nein, nein, ich komme gut zurecht, wenn ich meine Umgebung kenne, ist das überhaupt kein Problem. Ich konnte noch

nie etwas sehen. Einer meiner Brüder kann sehen. Der hat uns davon erzählt, wie das so ist, wenn man etwas sehen kann."
„Deine Geschwister können auch nichts sehen," fragte ich verwundert.
„Nein, meine Schwester und mein zweiter Bruder können nichts sehen. Wir wurden so geboren, erzählte mir Lilly.
Ich wusste nicht, was ich mit dem Gehörten anfangen sollte. In der nächsten Zeit suchte ich Lillys Nähe. Sie war ein bezauberndes Katzenmädchen, das allen anderen Katzen mit ihrer Liebenswürdigkeit verzauberte. Sie schaffte es sogar, dass Tom ihr ohne Knurren und Fauchen begegnete. Wir staunten, wie schnell sich Lilly in ihrem neuen Zuhause zurechtfand. Sie bewegte sich sicher in Haus und Garten und liebte es, mit mir oder den anderen Katzen zu spielen. Mit dem Einzug von Lilly hatte sich für uns etwas verändert. Vorher mussten wir darauf warten, bis Marie uns das Tor öffnete, damit wir das Grundstück verlassen konnten. Die Katzenklappe, die in der Tür war, konnte nur von außen geöffnet werden. So konnten wir jederzeit ins Haus zurück. Marie hatte das Geländer auf dem Balkon verbreitert, so konnten wir bequem hochspringen und über eine Treppe nach

draußen gelangen. Lilly, die die Höhe nicht abschätzen konnte, sprang nicht hoch und das war von Marie so beabsichtigt, denn ein Freigang wäre für sie zu gefährlich gewesen. So konnten wir über den Balkon das Grundstück bequem verlassen oder über den Balkon zurückkommen. Marie hatte in die Balkontür eine Katzenklappe einbauen lassen. Die Katzen, die auf der Krankenstation waren oder auf ein Zuhause warteten, hatten keinen Zugang zu dem Balkon, konnten sich aber im Garten bewegen. Auch Lilly konnte sich in dem gesicherten Garten frei bewegen und ich leistete ihr gerne Gesellschaft. Wir anderen konnten jetzt ohne Maries Hilfe das Grundstück verlassen und genossen unsere neue Freiheit. Ich machte von dieser Freiheit, seit Lilly bei uns war, nur noch selten Gebrauch, denn ich verbrachte meine Zeit lieber mit meiner neuen Freundin.

3.Kapitel

Ich verlebte mit Lilly einen wunderschönen Sommer. Uns gab es nur im Doppelpack! Meine Streifzüge durch die nähere Umgebung wurden kürzer, denn ich vermisste Lilly schnell und war glücklich, wenn ich wieder bei ihr war. Es war wunderschön, zu Lilly zurückzukommen! Lilly freute sich, wenn ich nach meinen Streifzügen wieder bei ihr war. Oft lagen wir zusammen in einem Katzenbett und schliefen. Meine neue Freundin folgte mir auf Schritt und Tritt. Sie genoss die Sicherheit, die ich ihr gab. Inzwischen hatte Lilly an Gewicht zugelegt. Nichts erinnerte mehr an das halb verhungerte Kätzchen, das im Frühsommer zu uns gekommen war.

Eines Tages, als wir im weichen Gras lagen, fragte ich Lilly, wie sie denn auf der Straße gelandet war. Lilly wurde sehr traurig und erzählte mir, dass Menschen sie eines Tages von ihren Geschwistern weggeholt haben. Sie wusste nicht, was mit ihr geschah, als die Menschen sie in einen Käfig sperrten. Die Menschen brachten sie zu einem Ort, wo sie einen Piks bekam und einschlief. Als sie wach wurde, tat ihr Bauch weh und sie wurde von den Menschen wieder in einen Käfig gesperrt. Dort saß sie eine lange Zeit. Eines Tages wurde sie in eine andere Box gesperrt. Die Menschen brachten sie an einen Ort, wo es sehr laut war. Lilly hatte große Angst. Als der Lärm vorbei war, hatte sie furchtbar gefroren. Andere Menschen stellten sie in ein dröhnendes Ding. Als das Dröhnen nach endlosen Stunden aufhörte, wurde die Box geöffnet. Es dauerte lange, bis sich Lilly traute, aus der Box zu klettern. Die Menschen um sie waren furchtbar laut und die Geräusche, die sie verursachten, waren Lilly fremd. Die Geräusche der Menschen, die sie vorher umgeben hatten, waren sanft und ruhig gewesen. Irgendwann wurde sie aus der Box gezogen. Lilly schrie vor Angst, und als sie sich losreißen konnte, flüchtete sie panisch, wobei sie gegen Gegenstände stieß, was ihre Panik noch vergrößerte. Sie wollte von diesen Menschen nur weg! Als es endlich still wurde, traute sich Lilly vorsichtig, ihre neue Umgebung zu erkunden und fand irgendwann etwas zu essen. Eine Möglichkeit, um ihr Geschäft zu verrichten, suchte Lilly vergeblich. Die Katzentoilette stand in einem anderen Raum. Da hatte sie sich nicht hin getraut.

Voller Verzweiflung verrichtete Lilly ihr
Geschäft auf dem kahlen Boden.
Die nächsten Tage wurden für Lilly nicht
besser. Die neue Umgebung und die
lauten Menschen machten ihr große Angst.
Nur in der Nacht, wenn Ruhe eingekehrt
war, traute sich Lilly, ihre Umgebung zu
erkunden. Sie war völlig verängstigt, denn
diese Menschen hatten keine Geduld mit
ihr. Schließlich wurde sie wieder in eine
Box gesperrt und als das Dröhnen
verstummte, war es still. Regen prasselte
auf sie nieder. Lilly suchte nach einem
Unterschlupf, den sie schließlich fand. Hier
war es schrecklich kalt und weit und breit
konnte Lilly kein Futter finden. Bald glaubte
Lilly, dass sie sterben müsste. Nach Tagen
war sie entkräftet, weil sie nichts zu essen
hatte. Als sie die sanfte Stimme einer Frau
hörte und diese ihr Futter hinstellte, war es
schon fast zu spät für die arme Lilly. Zum
Glück handelte es sich bei der Frau um
einen Menschen, die das Herz auf der
rechten Stelle haben. Sie packte die kleine
blinde Katze in eine Transportbox,
nachdem sie sie mit Hundefutter gefüttert
hatte und fuhr zu Marie.
„Zum Glück bist du hier bei uns gelandet,"
sagte ich tröstend zu Lilly.

„Ja, da hatte ich wirklich großes Glück. Menschen können so böse sein. Hier schimpft niemand mit mir, wenn ich etwas falsch mache," sagte Lilly.
„Aber du machst doch nichts falsch, Lilly," sagte ich und stupste Lilly zärtlich mit der Nase.
„Na ja, am Anfang habe ich nicht gleich die Katzentoilette gefunden, aber Marie hat nicht mit mir geschimpft. Sie hat mich einfach auf den Arm genommen und mich hingebracht. Jetzt weiß ich wo die Katzentoilette ist," erklärte mir Lilly.

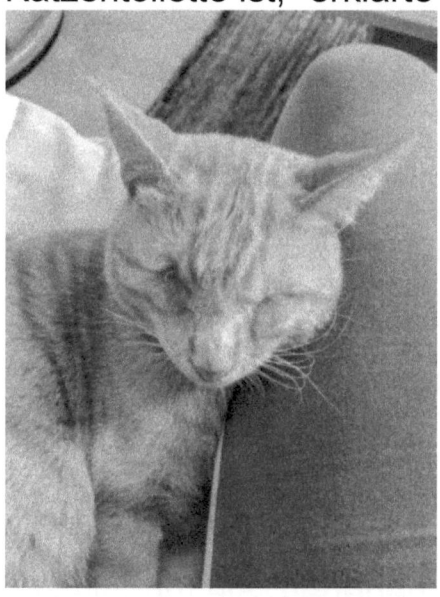

Marie hatte die kleine Lilly in einem sehr schlechten Zustand aufgenommen. Die kleine schwarze Katze war bis auf die Knochen abgemagert, die blinden Augen und die Nase waren eitrig. Am nächsten Tag brachte sie Lilly zu ihrer Tierärztin, die Lilly Antibiotika und eine

Aufbauspritze gab. Lilly hatte einen Chip im Ohr und so konnte die Tierärztin schnell ihre Herkunft ermitteln. Das arme Kätzchen war von einer Tierschutzorganisation in Spanien nach Deutschland vermittelt worden. Marie nahm Kontakt zu den Tierschützern auf und erfuhr, dass Lilly zu einer Familie vermittelt wurde, die nicht weit von ihrem Zu Hause lebte. Wütend fuhr Marie zu der Adresse, die sie erhalten hatte, um diese verantwortungslosen Menschen zur Rede zu stellen. Für Marie war klar, dass man die kleine Lilly, die so menschenbezogen war, ausgesetzt hatte. Die Frau, welche Marie die Tür öffnete, wehrte sich gegen die Vorwürfe, die Marie ihr machte. Sie behauptete, dass die Katze von alleine weggelaufen war.

„Okay," sagte Marie. „Wenn Ihnen die Katze weggelaufen ist, sind Sie sicher froh, wenn Sie sie zurückbekommen. Sie müssten die Tierarztkosten übernehmen, weil die Kleine krank ist."

Die Frau schlug Marie einfach die Tür vor der Nase zu. Natürlich hätte Marie niemals Lilly an diese verantwortungslosen Menschen zurückgegeben. Sie fuhr direkt zur Polizei und erstattete Anzeige gegen die verantwortungslosen Menschen. Der Polizist war empört über die

Gewissenlosigkeit und versprach sofort hinzufahren. Er hatte selbst zwei Katzen. Marie wusste, dass diesen Menschen nicht viel passieren würde, doch sie sollten nicht ungeschoren davonkommen. Traurig fuhr Marie nach Hause und verkroch sich unter einer Decke auf dem Sofa. An diesem Abend war sie mutlos angesichts des Leides, welches sie immer versuchte zu lindern. Alle Katzen, die bei ihr lebten, hatten großes Leid erfahren. Marie versorgte mehrmals in der Woche Futterstellen für heimatlose Katzen und oft dachte sie, dass alles, was sie tat, nicht genug war. Es gab so viel Elend, so viele Ungerechtigkeiten die Menschen hilflosen Tieren antaten! Marie musste weinen, als sie darüber nachdachte, wie es der blinden Lilly ergangen war. Die Reise in ein neues Leben, das mit so viele Schrecken verbunden war, hatten Lillys Vertrauen in die Menschen nicht erschüttert. Während Marie auf dem Sofa lag kamen Lilly und Louis zu ihr und schmiegten sich voller Vertrauen an sie. Sie spürten, dass es Marie an diesem Abend nicht gut ging und versuchten sie zu trösten.

Als der Sommer vorüber war und der Herbst Einzug hielt, verrichtete Marie Arbeiten im Garten, die vor dem Winter erledigt werden mussten. Plötzlich wurde es schwarz vor ihren Augen und sie schaffte es gerade noch, sich auf eine Bank zu setzen. Der kurze Schwächeanfall war schnell vorüber, doch Marie rief am nächsten Tag bei ihrem Arzt an, um einen Termin zu vereinbaren. Marie erhielt für den nächsten Tag einen Termin, und als sie die Praxis verließ, war Maries Verzweiflung groß. Der Arzt hatte auf einen Krankenhausaufenthalt bestanden. Nur zur Vorsicht, wie er betonte. Er wollte auszuschließen, dass der Krebs zurückgekommen war. Verzweifelt rief Marie eine Freundin an. Sie machte sich mehr Sorgen um ihre Katzen als um ihre eigene Gesundheit. Die Freundin versprach sofort zu helfen. Sie würde jeden Tag die Katzen füttern und die Katzentoiletten reinigen. An den Wochenenden würde sie zweimal am Tag nach den Katzen sehen. Mehr konnte die Freundin nicht tun. Sie hatte einen Vollzeitjob und ebenfalls viele Katzen zu versorgen. Diese Lösung war besser als der Aufenthalt in einem Tierheim. Vielleicht, so hoffte Marie, konnte sie das Krankenhaus schnell wieder verlassen. Marie telefonierte mit einer Bekannten, die ebenfalls verwilderte Katzen versorgte und diese würde sich während ihres Krankenhausaufenthaltes um die Futterstellen kümmern. Was sollte mit ihren Tieren passieren, wenn sie lange Zeit im Krankenhaus bleiben musste oder sogar starb? Eine furchtbare Verzweiflung erfasste Marie. Tränen rannen über ihr Gesicht. Sie setzte sich auf den Balkon und schlang eine Decke um sich. Der Herbstabend war mild und die frische Luft tat Marie gut. Die Angst, dass der Krebs zurück war und die Sorge um ihre Katzen waren unaufhörlich in ihren Gedanken. Wie sollte sie eine erneute Chemotherapie überstehen? Als es dunkel wurde, zündete Marie eine Kerze an. Sie beobachtete die kleine Flamme, die sich sanft im Wind bewegte. Das Nächste, was sie sah, waren Flammen, die aus einem Weidenkorb, den sie liebevoll mit Heu und Dekofiguren gefüllt hatte, loderten. Marie wusste nicht, wie es zu dem Brand gekommen war. Vielleicht hatte eine der Katzen die Kerze umgeworfen oder sie war im Schlaf dagegen gestoßen. Geistesgegenwärtig warf sie die Decke über den brennenden Korb. Die Flammen waren erloschen, als Marie die laute Sirene eines Feuerwehrautos hörte. Eine Nachbarin hatte den Brand auf dem Balkon gesehen und die Feuerwehr alarmiert. Als die Feuerwehr weg war, sank Marie auf die Bank und ließ ihren Tränen freien Lauf.

Wir liebten die sonnigen Tage, die wir im Garten verbrachten. Als der Herbst kam und die Bäume bunt färbte, war es ein Riesenspaß für uns, durch die herabgefallenen Blätter zu rennen. Lilly war ganz begeistert, wenn die Blätter unter ihren Pfoten raschelten. Alles war wundervoll! Nie hätten wir daran gedacht, dass unser Glück schon bald ein jähes Ende haben sollte.
Eines Nachmittags beschloss ich meine Runden zu drehen. Ich stattete meiner ehemaligen Futterstelle einen Besuch ab und traf auf Pan.
„He Tiger, wie geht es dir," begrüßte mich Pan. „Lange nicht mehr gesehen. Ich habe gehört, dass du ein Zuhause gefunden hast."
„O ja, ich habe ein wundervolles Zuhause," sagte ich.
„Das freut mich sehr," sagte Pan. „Ich komme öfter hierher, um die Katzen zu besuchen. Dich habe ich schon so lange nicht mehr gesehen."
„Ich gehe nicht oft weg. Weißt du, ich habe eine blinde Freundin, die nicht mit mir

mitkommen kann und ich lasse sie nicht gerne allein," erzählte ich Pan.
„Du hast eine Freundin? Was bedeutet das, dass sie blind ist. Das habe ich ja noch nie gehört," fragte Pan verwundert.
„Lilly kann nichts sehen, Pan. Sie geht nur in den Garten. Alles andere wäre zu gefährlich für sie," erklärte ich.
„O, die Arme. Das muss doch schlimm für sie sein," fragte Pan.
„Nein, nein, Lilly kommt damit sehr gut zurecht. Da merkt man überhaupt keinen Unterschied! Mit Lilly kann man genauso gut tobten, wie mit jeder anderen Katze," erklärte ich Pan. „Jetzt muss ich nach Hause! Mach's gut, Pan."
„Du auch Tiger," sagte Pan.
Inzwischen war es dunkel geworden. Ich freute mich auf mein Zuhause und ein leckeres Abendessen. Als ich am Haus von Marie ankam, sah ich Feuer auf dem Balkon und eine Marie die wild mit einer Decke fuchtelte. Kurz darauf ertönte ein ohrenbetäubender Lärm und ein großes, stinkendes Ding stoppte vor Maries Haus. Ich rannte voller Panik weg. Dabei achtete ich nicht auf meine Umgebung. Nur weg von dem Feuer und dem stinkenden Ungetüm! Erst als ich nicht mehr atmen konnte, verkroch ich mich unter einer

Hecke. Dort lag ich zitternd. Mein Herz raste und ich war völlig außer Atem. Um mich war es still. Hier gab es keine Häuser. Als ich wieder normal atmen konnte, kroch ich unter dem Busch hervor. Wo war ich? Die Umgebung war völlig fremd für mich. Ich lief einen Weg entlang, der in einen Wald mündete. Inzwischen machte sich mein knurrender Magen bemerkbar. Ich hatte mich verlaufen. Wo war nur mein Zuhause? Panisch lief ich den Weg zurück. Als ich an dem Busch ankam, unter dem ich mich versteckt hatte, schlug ich eine neue Richtung ein. Voller Verzweiflung lief ich immer weiter. Schließlich mündete der Feldweg in eine Straße. Nichts erinnerte an die Straße in der Maries Haus stand. Vor den Häusern standen Müllsäcke, die ich nach etwas Essbarem durchforstete. Zum Glück warfen die Bewohner dieser Straße offensichtlich viele Essensreste weg. So konnte ich wenigstens meinen Hunger stillen. Erschöpft verkroch ich mich in einen Schuppen, dessen Tür nur angelehnt war. In meinem Zuhause hatte ich gelernt, Türen, die nur angelehnt waren, zu öffnen. Ich entdeckte in einer Ecke des Schuppens ein altes Sofa. Erschöpft kletterte ich auf das Sofa und war augenblicklich eingeschlafen.

So hatte sich Emma ihren Ruhestand nicht vorgestellt! Schon beim Frühstück hatte es mit ihrem Mann Rudolf Streit gegeben. Der Streit war so heftig, dass sie während des Mittagessens kein Wort miteinander sprachen. Jetzt saß Emma missmutig vor dem Fernsehgerät. Rudolf hatte nach dem Mittagessen das Haus verlassen. Wehmütig dachte Emma an die zurückliegenden Jahre. Was hatten sie sich alles vorgenommen, wenn das Arbeitsleben hinter ihnen lag? Endlich wollten sie Afrika bereisen. Das hatten sie so lange verschoben. Erst waren die Kinder zu klein, dann kauften sie ein Haus und mussten sparsam leben. Als die Kinder erwachsen waren, mussten die Enkelkinder in der spärlichen Freizeit betreut werden. An eine längere Reise war nicht zu denken, zumal sie beide im Berufsleben standen. Jetzt wäre der ideale Zeitpunkt, dachte Emma. Die Enkelkinder waren selbstständig, sie hatten keine finanziellen Sorgen und jede Menge Zeit. Leider hatte sich Rudolf, seit er in Rente war, verändert. In der ersten Zeit im Ruhestand war noch alles gut gewesen. Sie hatten endlich Projekte verwirklicht, die sie so lange geplant hatten und die wegen

Zeitmangel immer wieder verschoben worden waren. Emmas Wintergarten, von dem sie so lange geträumt hatte, wurde Wirklichkeit und sie genossen es an kühlen Tagen, an denen es ihnen auf der Terrasse zu kalt war, im Wintergarten zu frühstücken. Nach dem Wintergarten wurde im Haus renoviert. Als diese Projekte beendet waren, begannen sie ihre Reise durch Afrika zu planen. So vergingen ihre ersten beiden Jahre im Ruhestand. Dann veränderte sich Rudolf. Gegen seine früheren Gewohnheiten blieb er morgens lange im Bett. Wenn Emma es schaffte, ihren Mann an den Frühstückstisch zu locken, war seine Laune unerträglich. Er nörgelte am Kaffee, am Frühstück und jeder Vorschlag, den Emma ihrem Mann für eine gemeinsame Tagesgestaltung unterbreitete, wurde mürrisch schlecht geredet. Rudolfs schlechte Laune war Programm und irgendwann wurde es Emma zu bunt. Sie konfrontierte ihren Mann mit seinem Verhalten in der Hoffnung, dass dieser zur Einsicht kommen konnte. Doch das war nicht der Fall. Zu den ständigen Nörgeleien gesellte sich eine Untätigkeit, die Emma noch mehr zu schaffen machte als das Nörgeln. Sie sah ihren Mann nach dem Aufstehen am frühen Nachmittag nur in alten Jogginghosen und unrasiert vor dem Computer im Arbeitszimmer. Dort saß er bis spät in die Nacht und kam nur aus dem Zimmer, wenn er hungrig oder durstig war. So war Rudolfs Tagesablauf über Wochen bis zu dem Morgen, als er endlich wieder am Frühstückstisch auftauchte. Die Herbsttage waren sonnig, aber schon kühl und Emma hatte ihr einsames Frühstück in den Wintergarten verlegt. Als Rudolf am Frühstückstisch auftauchte, hatte sie ihn vorwurfsvoll an ihre gemeinsamen Pläne erinnert. Sie bestand darauf, ihre Reise durch Afrika endlich in die Tat umzusetzen. Rudolf hatte wenig Verständnis für die Anliegen seiner Frau. Mürrisch hatte er sie auf einen späteren Zeitpunkt vertröstet. Ein Wort gab das andere und schließlich verließ Rudolf wütend das Haus. Emma blieb weinend zurück. Sie war enttäuscht, wünschte sich einen erfüllten, aktiven Ruhestand. Emma hatte kein Verständnis mehr für Rudolfs Verhalten! Die Eintönigkeit ihrer Tage drohte Emma zu ersticken. Niemand konnte sagen, wie viel Zeit ihnen noch blieb. Emma wollte ihre Reisepläne nicht länger verschieben. Sie klammerte sich an diese Reise wie an einen Strohhalm, doch tief in ihrem Inneren wusste sie, dass es längst nicht mehr um eine Reise ging. Emma hatte Angst, den Rest ihres Lebens neben einem mürrischen Mann, den sie nicht mehr als ihren Mann erkannte, zu verbringen. Später rief sie ihre älteste Tochter an und erzählte von ihren Eheproblemen. Die Tochter hatte nur wenig Verständnis für das Anliegen ihrer Mutter. Ein Ehepaar, das so lange verheiratet war, musste doch in der Lage sein, vernünftig miteinander zu reden. Emma, die sich von ihrer Tochter unverstanden fühlte, beendete das Gespräch.

Rudolf hatte das Haus verlassen und lief planlos in Richtung Wald. Die ewigen Vorwürfe seiner Frau konnte er nicht mehr ertragen. Er konnte sein ganzes Leben nicht mehr ertragen! Wehmütig dachte Rudolf an die Zeit, als er noch nicht ein nutzloses Rentnerdasein führte. Rudolf hatte mit Leib und Seele an einer Realschule unterrichtet. Er war schon immer an dieser Schule und hatte hier seine Frau kennengelernt. Was sie beide von Anfang an verband, war die Freude am Unterrichten. So viele Kinder hatten sie bis zu ihrem Start in eine Ausbildung oder bei einem Wechsel an eine höhere Schule begleitet. Rudolf war an der Schule Vertrauenslehrer und er wurde, genauso wie seine Frau, von Schüler/innen, Eltern und Kolleg/innen sehr geschätzt. Emma und Rudolf hatten nie ihre Berufswahl bereut, auch wenn der Umgang mit den Heranwachsenden nicht immer leicht war. Was hatten sie Pläne für den Ruhestand geschmiedet! Endlich waren die Kinder und Enkelkinder unabhängig. Endlich konnten sie das tun, wozu sie während ihrer Berufstätigkeit nur selten Zeit gefunden hatten. An der ersten Stelle ihrer „To do-Liste" hatte die Renovierung des Hauses gestanden. Dieses Projekt hatten Emma und Rudolf bewältigt, doch danach, als sie endlich ihren Ruhestand genießen und eine lange Reise unternehmen wollten, war bei Rudolf die Luft raus. Eine Unzufriedenheit gepaart mit Langeweile und dem Wunsch, einfach den Tag im Bett zu verbringen, hatte ihn erfasst. Dieser Zustand bereitete Rudolf große Sorgen. Jeden Abend, wenn er im Bett lag, nahm er sich vor, den nächsten Tag mit Schwung zu beginnen. Beim Aufwachen war der gute Vorsatz vergessen. Immer wieder verschob Rudolf das Aufstehen um eine halbe Stunde, schlief wieder ein und erwachte erst um die Mittagszeit. Der Hunger trieb ihn aus dem Bett. Nach dem Mittagessen schaffte er eine heiße Dusche, bevor er sich im Jogginganzug vor den Computer setzte oder auf dem Sofa bei einem sinnfreien Nachmittagsfernsehen in einen leichten Schlaf verfiel. Diese Beschäftigungen dauerten bis lange nach Mitternacht und ließen Rudolf schließlich erschöpft einschlafen. Am Anfang konnte er den Ärger seiner Frau gut verstehen und gab sich Mühe, sein Verhalten zu verändern, doch mit der Zeit wurde es Rudolf zu viel, sich ständig zu verbiegen. Er hatte an Unternehmungen mit seiner Frau einfach keine Freude. Alles, was sie früher gemeinsam unternommen hatten, langweilte ihn. Rudolf sprach mit seinem besten Freund, der Internist war. Er unterzog sich einer gründlichen Untersuchung, die keine Hinweise auf eine körperliche Erkrankung erbrachte. Rudolf war in einem guten körperlichen Zustand. Seine Frau hatte immer auf eine gesunde Ernährung geachtet. Als Rudolf noch aktiv am Leben teilnahm, hatten sie dreimal die Woche zusammen gejoggt. Jetzt dreht Emma alleine ihre Runden, während Rudolf vor sich hingammelte.

Rudolf lief den Weg zurück. Er hatte genug von seinem Spaziergang, doch die Vorstellung, Emmas vorwurfsvolle Blicke zu ertragen, ließ ihn das Haus meiden. Rudolf ging in das Gartenhaus, wo er sich eine kleine Werkstatt eingerichtet hatte. Was er hier tun konnte, wusste er nicht. Er hatte hier, bevor ihn diese Lethargie erfasste, Vogelhäuser gebaut, die er auf dem Wochenmarkt verkaufte. Das Geld hatte er dem Tierheim gespendet. Seine Vogelhäuser waren sehr schön und er hatte Bestellungen, die auf eine Erledigung warteten. Lustlos begann er an einem halb fertigen Vogelhaus zu arbeiten, als sein Blick zu dem alten Sofa schweifte. Auf dem Sofa lag eine Katze, die ihn ängstlich anblickte und bereit war, die Flucht zu ergreifen.

„Ja, wer bist du denn," entfuhr es Rudolf. Die Katze flüchtete hinter das Sofa. Vielleicht ist das eine der Katzen, die hier durch die Gärten streunen. Emma stellte ihnen immer Futter vor die Tür, das nicht nur Katzen, sondern auch die Igel anlockte. Rudolf ging ins Haus, um Katzenfutter zu holen.

„Was tust du," fragte Emma als er dabei war Futter in eine Schüssel zu geben.

„Im Schuppen ist eine Katze und ich möchte ihr etwas Futter hinstellen," sagte Rudolf. „Bist du noch böse auf mich?"
„Nein Rudolf, ich bin nicht böse auf dich. Ich möchte doch nur, dass wir etwas Zeit zusammen verbringen und unsere Träume, die wir vor dem Ruhestand hatten, verwirklichen," sagte Emma.
„Du hast ja recht. Ich werde versuchen mich zu bessern, aber jetzt möchte ich der Katze erst einmal Futter bringen," sagte Rudolf und verließ das Haus.
Im Schuppen angekommen sah Rudolf, dass die Katze wieder auf dem Sofa lag. Rudolf stellte das Futter auf den Boden und wartete in einiger Entfernung auf die Reaktion der Katze. Es dauerte nicht lange, bis das Tier den Kopf in Richtung des Futters drehte. Misstrauisch beobachtete sie den Mann, der ihr aus einiger Entfernung zusah. Schließlich konnte sie nicht widerstehen, sprang auf den Boden und begann das Futter zu verschlingen. Rudolf blieb stillstehen, denn er ahnte, dass, sobald er sich bewegte, die Katze verschwand. Als sie die Schüssel geleert hatte, blickte sie in Rudolfs Richtung und zwinkerte ihm zu. Sie bedankt sich bei mir, dachte Rudolf und spürte, wie ihn der Anblick der zufriedenen

Katze glücklich machte. Die Tigerkatze streckte sich und verschwand durch die Tür, die einen Spalt offen war.

Ich war verzweifelt. Wo war nur mein Zuhause? In dem Schuppen, der mir als Zufluchtsort diente, war ein Mann aufgetaucht. Obwohl ich spürte, dass von diesem Menschen keine Gefahr ausging und der Mann mir sogar eine Schüssel Futter hinstellte, klangen die Warnungen meiner Mutter in meinem Kopf. Fremden Menschen durfte ich nicht vertrauen! Dieser Mensch war nicht Marie und der Schuppen war nicht mein Zuhause. Es gab also keinen Grund, dem Mann zu vertrauen, obwohl das Futter sehr lecker schmeckte und meinen Magen füllte. Nach dem ausgiebigen Mahl war ich aus dem Schuppen verschwunden. Bis zur Erschöpfung war ich in die unterschiedlichsten Richtungen gelaufen. Vielleicht konnte ich den richtigen Weg finden, doch meine Hoffnung schwand und machte einer Erschöpfung Platz. Enttäuscht suchte ich Zuflucht in einem kleinen Wald. Dort legte ich mich unter eine schützende Hecke und schlief erschöpft ein.

Als ich erwachte, knurrte mein Magen fürchterlich. Ich hatte keine Ahnung, wie lange ich geschlafen hatte. Die Sonne stand schon tief und sicher würde es bald dunkel werden. Vielleicht gab es in dem Schuppen noch mehr Futter für mich. Schnell lief ich zu dem Haus mit dem Schuppen zurück. Die Tür zum Schuppen stand einen Spalt breit offen und ich schlüpfte hinein. Zu meiner großen Freude stand in dem Schuppen eine Schüssel mit Trockenfutter und Wasser. Hungrig machte ich mich über das Futter her. Es schmeckte gut und füllte meinen knurrenden Magen. Nach meinem Mahl legte ich mich auf das Sofa. Hier war es bequemer als auf der Erde. Schnell schlief ich ein.

Marie konnte schon zwei Tage später das Krankenhaus verlassen. Sie war unendlich erleichtert, denn der Verdacht, dass der Krebs zurück war, hatte sich nicht bestätigt. Glücklich fuhr sie nach Hause, wo sie von ihren Katzen begrüßt wurde. Die Freundin war da.
„Marie, das ist schön. Zum Glück bist du zurück," sagte sie freudig, als Marie die Wohnung betrat.

„Ich bin so froh, dass sich der Verdacht nicht bestätigt hat," sagte Marie und lachte glücklich.
„Mhm, leider gibt es keine guten Neuigkeiten," sagte die Freundin vorsichtig. „Luis ist verschwunden."
„O, nein, das ist furchtbar. Vielleicht hat sich der kleine Kerl erschrocken, als das Feuer auf dem Balkon ausbrach und die Feuerwehr anrückte, um zu löschen," überlegte Marie laut. „Luis ist ja ohnehin etwas scheu. Sicher ist er weggelaufen und kommt irgendwann zurück."
„Ja, das hoffe ich," sagte Maries Freundin. Lilly sprang auf Maries Beine und schmiegte sich glücklich an sie.
„Ach, du arme kleine Maus. Sicher vermisst du Luis ganz schrecklich."
Marie war in großer Sorgen. Sie war sicher, dass der Kater voller Panik geflohen war, als die Sirenen der Feuerwehr ertönten. Das Feuer war zu einem Zeitpunkt ausgebrochen an dem Luis nach seinen Streifzügen zurückkehrte. Maries Freude wurde durch die Sorge um den Kater getrübt. Morgen wollte sie in den Tierheimen und bei Tierärzten nachfragen. Vielleicht wurde Luis von einem tierlieben Menschen gefunden. Ansonsten konnte sie nur Suchplakate ausdrucken und

aufhängen. Marie blieb nur die Hoffnung, dass Luis zu seiner Lilly zurückkam. Der Tag verging ohne, dass Luis auftauchte.

Emma erlebte in den nächsten Tagen einen völlig neuen Rudolf. Ihr Mann sprach nur von der Katze, die immer wieder in den Schuppen kam. Er stand früh am Morgen auf und verschwand mit einer Dose Katzenfutter im Schuppen. Die Katze hatte nach einer Woche ihre Scheu verloren und ließ sich von Rudolf streicheln, was diesen mit großer Freude erfüllte.

„Rudolf, wir müssen die Katze ins Tierheim bringen. Vielleicht wird sie ja vermisst," sagte Emma eines Tages.

„Nein, nein, die wird sicher nicht vermisst. Das ist ein Streuner," sagte Rudolf.

Emma beließ es bei ihren Einwänden. Sie war froh, ihren Mann so gut gelaunt und aktiv zu erleben. Die Lethargie der letzten Zeit war verschwunden. Rudolf werkelte in seinem Schuppen oder half ihr bei der Hausarbeit. Die Katze, die er inzwischen Mobbelchen nannte, war Balsam für ihn.

Emma verwarf ihre Absicht, die Katze in das Tierheim zu bringen, obwohl das schlechte Gewissen an ihr nagte. Vielleicht wurde sie von einem Kind schmerzlich vermisst. Sie nahm sich vor, auf vermisste Katzen in der Zeitung zu achten.

Ohne Rast suchte ich verzweifelt nach dem Nachhauseweg. Immer wieder kehrte ich zum Schuppen zurück, weil dort Futter auf mich wartete. Der Mann, der mir das Futter hinstellte und seine Frau waren liebe Menschen. Ich vertraute ihnen und ließ mich von dem Mann sogar streicheln. Als ich eines Nachmittags durch die Straßen streifte, blieb ich plötzlich wie angewurzelt stehen. Mein Blick fiel durch einen Zaun auf ein Grundstück. Da saß Lilly! Schnell überwand ich den Zaun und eilte auf sie zu. Als ich sie fast erreicht hatte, drehte die Katze ihren Kopf und blickte mich aus überraschten Augen an. Enttäuscht erkannte ich meinen Irrtum. Das war nicht Lilly. Von Weitem hatte sie mich an meine geliebte Freundin erinnert, doch diese Katze war nicht blind und jetzt, beim näheren Hinsehen sah sie Lilly nicht ähnlich.

„Wer bist du? Was willst du hier," sagte die Katze in einem sehr unfreundlichen Ton. Ich wich erschrocken zurück. Mir wurde klar, dass ich hier in das zu Hause einer Katze eingedrungen war, der das nicht gefiel.

„Entschuldige, ich bin Tiger oder Luis, wie meine liebe Marie mich nennt. Ich wollte dich nicht erschrecken. Ich habe dich mit meiner Freundin Lilly verwechselt," erklärte ich der Katze, die mich böse anschaute. „Was ist das für eine Geschichte? Ich bin Paula und das ist der Garten von Frau Schröder, meinem Menschen. Du hast hier nichts zu suchen," sagte die Katze, die sich als Paula vorgestellt hatte.
„Bitte sei doch nicht so unfreundlich, Paula. Ich glaube nicht, dass dein Zuhause in Gefahr ist." Eine zweite Katze war in den Garten gekommen und schaute mich neugierig an.
„Ich bin Leo. Du suchst deine Freundin," fragte die Katze freundlich.
„Na ja, eigentlich suche ich mein Zuhause," sagte ich traurig.
„O, warum hast du es denn verloren," fragte Leo.
Traurig erzählte ich meine Geschichte und als ich geendet hatte sagte Paula:
„Das tut mir leid. Ich wollte nicht so unfreundlich zu dir sein."
„Ja, wen haben wir denn da," hörte ich eine freundliche Stimme und eine ältere Frau beugte sich zu mir herab.
Erschrocken wich ich zurück. Die fremde Frau machte mir Angst.

„Keine Panik," sagte Leo. „Das ist Frau Schröder unser Mensch. Sie wird dir ganz bestimmt nichts tun."

„Ich verschwinde besser wieder. War nett euch kennenzulernen. Vielleicht sehen wir uns mal wieder," sagte ich und verschwand aus dem Garten.

Frau Schröder blieb ratlos zurück. Heute war ein merkwürdiger Tag. Sara, eine junge Frau, die sie wie eine Enkeltochter liebte, kam mit einem komischen Anliegen in die Bäckerei, in der Frau Schröder arbeitete. Sara wollte wissen, was sie unter Unendlichkeit verstand. Frau Schröder hatte Saras Anliegen sehr verwundert. Sie setzte sich auf die Bank und ihre dritte Katze Minka, die ebenfalls in den Garten gekommen war, setzte sich neben sie. Vielleicht hatte die Katze, die in ihren Garten gekommen war, kein Zuhause. Das war bei Minka so gewesen, allerdings war diese in einem erbärmlichen Zustand, als sie im Garten auftauchte. Das traf auf die Katze nicht zu. Frau Schröder liebte Katzen über alles und sie kannte jede in dem kleinen Ort. Die getigerte Katze hatte sie noch nie gesehen und darum lag die Annahme, dass sie kein Zuhause hatte, für Frau Schröder nahe. Die alte Frau beobachtete, wie die hübsche Tigerkatze auf das Grundstück zurückkam. Leo ging sofort zu ihr. Er war ein freundlicher kleiner Kerl, der immer bestrebt war, mit den beiden anderen Katzen friedlich zusammen zu leben. Frau Schröder sah, wie Leo die fremde Katze freundlich mit der Nase stupste und diese die Kontaktaufnahme erwiderte. Ein kleiner Tiger, dachte Frau Schröder. Wem er wohl gehörte? Langsam, um die Katze nicht zu erschrecken, lief Frau Schröder ins Haus und kam mit einer Schüssel Katzenfutter zurück, das sie in die Nähe der Katze stellte. Ihre Katzen schnupperten kurz am Futter, doch sie hatten keinen Hunger und überließen die Schüssel großzügig der fremden Katze. Frau Schröder setzte sich erneut auf die Bank und beobachtete die fremde Katze, die schnell die Schüssel geleert hatte. Wie eine heimatlose Katze sieht sie nicht aus, dachte Frau Schröder. Bei der Katze handelte es sich sicher um einen Kater. Sie war zwar nicht besonders groß, woran man oft die Kater erkennen konnte, doch war sie gut genährt und hatte einen verhältnismäßig großen Kopf. Wie richtig sie mit dem Namen lag, den sie dem kleinen Kerl in Gedanken gegeben hatte, ahnte die alte Frau nicht. Ihre Gedanken schweiften erneut zu Sara, der jungen Frau, die sie schon als kleines Mädchen kennengelernt hatte. Die junge Frau blickte auf eine traurige Kindheit zurück. Frau Schröder versuchte ihr zu helfen. Sara war wie eine Enkeltochter für sie. Es machte sie traurig, dass die junge Frau keine Freundinnen oder einen Lebensgefährten hatte. Sie misstraute den Menschen und lebte mit ihren beiden Katzen sehr zurückgezogen in der Wohnung über Frau Schröder. Frau Schröder hatte das Haus von ihren Großeltern geerbt. Manchmal sah sie Sara tagelang nicht. Das Gespräch mit Sara an diesem Tag hatte die alte Frau sehr beunruhigt. Während die alte Frau in ihrem Garten saß, wanderten ihre Gedanken in die Vergangenheit.

4.Kapitel

Es war nur ein einfaches Wort, das Sara eines Nachmittags hörte. Die junge Frau saß in der warmen Herbstsonne auf dem Balkon. Zwei Frauen waren vorbeigegangen, und durch die warme Luft wehte das Wort Unendlichkeit in ihr Bewusstsein. Sara wusste nicht, warum dieses Wort sie derart beeindruckte. Es gab keine Verbindung zu dem Gespräch der beiden Frauen, nur das Wort Unendlichkeit war plötzlich in Saras Gedanken. Das Wort nahm sie gefangen, kreiste in ihren Gedanken und war unerklärlich wichtig für sie. Was ist Unendlichkeit, dachte Sara angestrengt. Irgendwie muss dieses Wort sehr viel Bedeutung haben, grübelte sie. Es wollte ihr auf die Schnelle kein anderes Wort einfallen, das man mit dem Wort Unendlichkeit gleichsetzen konnte. In den nächsten Tagen kam ihr das Wort, das da an dem sonnigen Nachmittag im Herbst zu ihr geschwebt war, immer wieder in den Sinn. So war es auch an dem Morgen, als sie zum Bäcker ging, um Brötchen zu kaufen. Die nette Verkäuferin kannte Sara, seit sie ein kleines Mädchen war. Mittlerweile war Frau Schröder eine ältere Frau, die den Eintritt in den Ruhestand längst überschritten hatte und für die die Arbeit in der Bäckerei der Lebensinhalt war. Vor vielen Jahren hatte ihr Mann sie verlassen, und es gab keine Kinder und Enkelkinder, um die sich Frau Schröder hätte kümmern können. Sie wohnte mit ihren drei Katzen in einer geräumigen Dreizimmerwohnung in einem Haus, welches sie von ihren Großeltern geerbt hatte. Die Arbeit in der Bäckerei verhinderte die Einsamkeit. Der Besitzer war froh, dass er eine zuverlässige Hilfe hatte. Sara, die sie schon als kleines Mädchen in der Bäckerei kennengelernt hatte, war für sie in all den Jahren zu einer Enkelin geworden. Nach ihrer Ausbildung in der Stadt war Sara in das kleine Dorf zurückgekehrt. Zufällig war die zweite Wohnung in Frau Schröders Haus frei geworden. So konnte Sara bei ihr einziehen. Oft besuchte Sara sie an ihren freien Tagen und ließ sich von Frau Schröder mit Kuchen verwöhnen. Beide genossen die gemeinsamen Gespräche, die in Gesellschaft der zutraulichen Katzen, die für Frau Schröder wie Kinder waren, zu einem kurzweiligen Erlebnis für die junge Frau wurden. Sara liebte Tiere über alles und teilte ihre Wohnung mit zwei Katzen aus dem Tierheim und sie hatte ihren Balkon in ein Paradies für vier Kaninchen verwandelt. Hin und wieder, wenn Frau Schröder mit den Katzen sprach, musste Sara lachen, denn sie fand es schon merkwürdig, dass sie mit den Katzen so sprach, als seien es menschliche Mitbewohner.

An diesem Morgen also, als Sara Frau Schröder in der Bäckerei besuchte, war sie alleine im Verkaufsraum. Sara, die einen freien Tag hatte, nutzte die Gelegenheit, um mit Frau Schröder zu plaudern. Sie sprachen über das milde Herbstwetter, über Frau Schröders Rückenprobleme und darüber, dass eine der Katzen zum Tierarzt musste. Sara hörte nur oberflächlich zu, denn ihre Gedanken kreisten an diesem Morgen immer noch um das Wort Unendlichkeit. Das Wort war vor ein paar Tagen in der warmen Nachmittagssonne geschwebt und hatte sie gefangen genommen.

Sie fragte Frau Schröder, die sie beim Vornamen nannte:

„Anna, was bedeutet für dich die Unendlichkeit?"

Frau Schröder hielt überrascht inne und fragte erstaunt:

„Wie kommst du denn plötzlich auf dieses Wort, Sara?"

„Einfach so. Als ich vor ein paar Tagen auf dem Balkon saß, habe ich dieses Wort gehört, und seitdem geht es mir nicht mehr aus dem Sinn. Irgendwie habe ich noch keinen Begriff gefunden, der dieses Wort beschreiben kann. Das macht mich unzufrieden. Ich dachte, dass du mir mit deiner Lebenserfahrung weiterhelfen kannst."

Frau Schröder machte ein nachdenkliches Gesicht.

„Nun Sara, Unendlichkeit ist wirklich ein großes Wort. Wenn ich so darüber nachdenke, fallen mir zu dem Wort allerlei Begriffe ein: unendlich schön, unendlich weit, unendlich traurig, aber ich glaube, du hast recht. Irgendwie trifft das alles das Wort Unendlichkeit nicht. Wir gebrauchen dieses große Wort für ganz alltägliche Dinge."

„Genau das ist mein Problem," sagte Sara. „Ständig fallen mir allerlei Begriffe ein, die wir mit dem Wort Unendlichkeit gebrauchen, doch diese Begriffe reichen mir nicht. Ich denke, dass die Unendlichkeit etwas Großes, Gigantisches, Unbeschreibliches ist, für das mir einfach der Vergleich fehlt. Ich bekomme dieses

Wort nicht mehr aus meinem Kopf. Es macht mich noch ganz verrückt!"
„Nun ja, wenn ich so über das Wort nachdenke, verstehe ich, was du meinst. Es ist ein Wort, das wir benutzen, aber die Bedeutung ist viel größer, als wir ausdrücken können," sagte Frau Schröder. Sara nickte eifrig: „Ja, genauso ist das."
Frau Schröder war auf Saras Frage eingegangen, doch sie fand ihr Verhalten merkwürdig. Wenn sie darüber nachdachte, so hatte sie sich in letzter Zeit schon des Öfteren über ihr Verhalten gewundert. Sie kannte die junge Frau seit über dreißig Jahre. Damals war Saras Familie in den kleinen Ort gezogen, und das Mädchen war erst vier Jahre alt. Der Vater des Kindes war Witwer. Er hatte eine Frau kennengelernt und war wegen ihr hier ins Dorf gezogen. Die Leute im Ort, die sich für den Fremden brennend interessierten, der eine viel ältere Frau aus dem Ort geheiratet hatte, tuschelten viel. Die Frau hatte einen mehr als zweifelhaften Ruf im Ort. Sie hatte einige Affären mit verheirateten Männern. Die Verhältnisse, die man ihr nachsagte und für die, die Beweise fehlten, machten ihren Ruf nicht besser.

Etwa zwei Jahre bevor sie den Witwer aus Frankfurt heiratete, war sie mehrmals für einige Wochen aus dem Dorf verschwunden. Niemand wusste so genau was mit ihr passiert war. Manche vermuteten, dass es wieder einmal ein anrüchiges Verhältnis mit einem verheirateten Mann gab, andere tuschelten hinter vorgehaltener Hand, dass Lina, so war ihr Name, in einer psychiatrischen Klinik war. Dieses Gerücht war durch das seltsame Verhalten dieser Frau, welches sie an den Tag legte, entstanden. Neben den vielen Affären, die Lina hatte oder auch nicht hatte, war sie eine, heute würde man sagen, schrille Erscheinung in dem katholischen Ort. Nie hatte eine der biederen Hausfrauen sie ohne dicke Schminke und auffälligen Kleidern, die an eine Abendgarderobe erinnerten, gesehen. Die Kleidung war schwarz und mit silbernen oder goldenen Perlen besetzt. Selbst wenn sie Lina bei der Hausarbeit sahen, was ihrer Meinung nach nur allzu selten geschah, war sie geschminkt und trug die merkwürdige Abendgarderobe.

Frau Schröder dachte noch an Lina, als sie nach der Arbeit in der Herbstsonne auf ihrer Bank saß. Wie war damals das

Gerücht mit dem psychiatrischen Krankenhaus aufgekommen? Ja, genau, dachte Frau Schröder, da gab es einmal eine ganz komische Geschichte um Lina. Zu dieser Zeit hatte Lina einen Mann aus dem Nachbarort kennengelernt, der nicht verheiratet, sondern ein ewiger Junggeselle war. Er war, genauso wie Lina, eine ständige Quelle der Gerüchte. Mal erzählten die Leute, er wäre „vom anderen Ufer", um bei anderen Gelegenheiten von ausschweifenden Orgien in seinem Haus zu berichten. Hinzu kam, dass dieser Mann allein in einem imposanten Haus lebte und keiner so genau wusste, woher sein Vermögen kam. Ja, und da war eines Tages im Morgengrauen die Lina nackt aus dem Haus gerannt. Herr Molter, der schon seit Jahrzehnten die Zeitungen austrug, hatte sie genau gesehen. Der Skandal war in der Umgebung perfekt. Nach diesem Vorgang war Lina einige Wochen verschwunden. Ein paar Tage nach dieser Geschichte hatte man eine fremde Frau in Linas Haus beobachtet, die einen Koffer mitnahm und alle Fenster verdunkelte. Niemand wusste, wer diese Frau war. Frau Schneider, die Nachbarin von Lina hatte die Vorgänge in dem Haus beobachtet und war in den

Garten gelaufen, um von der fremden Frau etwas zu erfahren. Die Frau sprach mit einem merkwürdigen Dialekt, den Frau Schneider nicht kannte. Nachdem sie sich als Linas Nachbarin vorgestellt hatte und ein paar belanglose Dinge mit der Fremde gesprochen hatte, fragte sie ziemlich direkt nach Linas Verbleib. Die Frau war ihrer Frage sehr geschickt ausgewichen und hatte irgendetwas von einer Kur erzählt. Schnell war das Gespräch beendet und die Frau fuhr mit dem Auto weg. Geistesgegenwärtig hatte Frau Schneider auf das Kennzeichen des Autos geschaut, doch die Buchstaben sagten ihr nichts, und weil Frau Schneider nicht mehr die Jüngste war, vergaß sie diese schnell. Was Frau Schneider aber nicht vergaß, war die Aussage, Lina sei zur Kur. Diese Geschichte glaubte natürlich niemand im Ort, denn Lina war nie bei einem der beiden ansässigen Ärzte gesehen worden, sondern schien sich immer bester Gesundheit zu erfreuen. Folglich glaubte auch niemand an einen Kuraufenthalt, zumal Lina nach dem Vorfall im Morgengrauen verschwunden war. Die Vermutung, dass Lina in einem psychiatrischen Krankenhaus war, hatte Frau Mirkak, die polnische Putzfrau von Dr.

Kleemann geäußert. Soweit man den unzureichenden Schilderungen von Frau Mirkak, die, obwohl sie bereits seit zwanzig Jahren in Deutschland lebte, immer noch sehr viele Schwierigkeiten mit der Sprache hatte glauben konnte, hatte eine unbekannte Frau den diensthabenden Arzt angerufen. Dieser hatte laut Frau Mirkaks Schilderungen eine Einweisung in die Psychiatrie veranlasst. Frau Mirkak erzählte diese Version eines Morgens beim Friseur. Die Geschichte machte wie ein Lauffeuer, die Runde im Ort. Linas Verhalten war schon immer sehr merkwürdig. Dr. Kleemann berief sich auf seine Schweigepflicht.

Es dauerte fast drei Monate, bis Lina wieder in ihrem Haus gesichtet wurde und jeder war über die veränderte Lina verwundert. Nichts erinnerte mehr an die grell geschminkte Frau in der schwarzen, perlenbesetzten Kleidung. In den nächsten Wochen war Lina unauffällig gekleidet und verzichtete auf Schminke. Nur selten sah man sie im Ort. Hin und wieder konnte man sie am Abend kurz vor Ladenschluss in dem kleinen Supermarkt beim Einkaufen antreffen. Tagsüber waren die Läden ihres Hauses geschlossen. Lina schien kaum noch auszugehen.

Dieses Verhalten hielt jedoch nur ein paar Monate an. Schon bald war Lina wieder die Alte. Sie schminkte sich greller als früher und ihre Kleidung war gewagter denn je. Diese Wandlung ging einem erneuten Verschwinden voraus und wiederholte sich in den kommenden Jahren noch einige Male. Lina hatte schon immer wenige Kontakte zu Menschen im Ort. Sie war eine Zugezogene, die, obwohl sie schon lange hier lebte, keinen großen Wert auf die Gesellschaft der biederen Hausfrauen legte. Ein Grund war der Umstand, dass Lina schon in so manche Ehe einige Turbulenzen gebracht hatte. Sie wurde von den betroffenen Frauen wie die Pest gemieden. Wenn Lina manchmal in einer der zwei Kneipen im Ort gesehen wurde, saß sie allein an der Theke, doch schon sehr schnell war sie der Mittelpunkt der meist männlichen Gäste im Lokal. Ansonsten verbrachte sie ihre Abende in der nächstgelegenen größeren Stadt.

Frau Schröder hatte am nächsten Tag nicht viel zu tun und somit sehr viel Zeit, um über längst vergangene Geschichten nachzudenken. Das alles war schon so lange her. Sie musste angestrengt nachdenken, um die Einzelheiten in ihre Erinnerung zurückzurufen.

Ja, dachte Frau Schröder, irgendwann war dieser Mann bei Lina einzogen und hatte Sara mitgebracht. Die beiden hatten geheiratet, und einige Zeit sah es so aus, als sei nun Ruhe in Linas Leben eingekehrt. Saras Vater war oft beruflich unterwegs, und das Kind wuchs mehr schlecht als recht bei Lina auf. Lina verschlief den Tag. Das Kind war auf sich alleine gestellt. Sie war ein Schlüsselkind, das nach dem Kindergarten und später nach der Schule in ein unaufgeräumtes Haus heimkam, wo selten ein warmes Mittagessen auf sie wartete. Meist ging sie nach dem Kindergarten in die Bäckerei, um dort mit Süßigkeiten oder Kuchen das Mittagessen zu ersetzten. Frau Schröder tat das Kind in der Seele leid, und schon bald machte sie es sich zur Gewohnheit, Essen vom Vortag mit zur Arbeit zu nehmen und dieses für Sara aufzuwärmen. Das Mädchen war inzwischen fünf Jahre und sehr ernst für sein Alter. Nur selten erhellte ein Lachen das Kindergesicht. Oft saß sie stundenlang in dem kleinen Zimmer, das hinter dem Verkaufsraum lag, malte oder spielte mit kleinen Tieren aus Kunststoff. Sooft Frau Schröder Zeit fand, las sie dem Kind Geschichten vor, die immer wieder durch das Bedienen von Kundschaft unterbrochen wurden. Nie äußerte das Kind seinen Unmut über die Unterbrechungen. Sara saß geduldig auf ihrem Stuhl und wartete, bis Frau Schröder weiterlas.

Es dauerte fast ein ganzes Jahr, bis Sara etwas Vertrauen fasste und ein wenig über ihre Familie, ihre Wünsche oder die Schule sprach, die sie seit Kurzem besuchte. Ein einziges Mal sprach das Kind über die leibliche Mutter. Frau Schröder erfuhr, dass sie sehr krank war und früh in den Himmel musste, wie Sara erzählte. Der Vater lernte im Krankenhaus Lina kennen und hatte sie geheiratet. Sara war darüber nicht glücklich. Sie vermisste ihre Mutter und hatte Heimweh nach ihrer Heimatstadt. Dort lebte eine Tante, an der Sara sehr zu hängen schien, denn sie sprach oft über Tante Renate. Frau Schröder fand es sehr merkwürdig, dass die Tante, zu der Sara offensichtlich ein inniges Verhältnis hatte, nie zu Besuch kam. Sara erzählte manchmal, dass sie bei Tante Renate bleiben musste, wenn ihre Mutter viel schlafen musste oder im Krankenhaus war. Frau Schröder hatte die Vermutung, dass sich Saras Mutter wegen ihrer schweren

Krankheit nicht um ihre Tochter kümmern konnte. Die Tatsache, dass da eine Tante war, die offensichtlich von Sara schmerzlich vermisst wurde, ließ Frau Schröder keine Ruhe. Warum kam sie nie zu Besuch? Warum überließ sie ihre Nichte einer Frau wie Lina? Schon bald nach der Hochzeit war Lina wieder in ihre alten Gewohnheiten zurückgefallen. Während der Mann beruflich unterwegs war, verbrachte Lina ihre Zeit mit Ausgehen. Sara wurde oft die ganze Nacht von einem Mädchen, das sich etwas Taschengeld mit Babysitten verdiente, beaufsichtigt. Die zwölfjährige Tanja war die Tochter des Pfarrers und eines Morgens in der Bäckerei hatte dessen Frau mit Frau Schröder über Sara gesprochen. Tanja hatte ihrer Mutter mehrmals von sehr viel Unordnung in Linas Haus berichtet. Einmal hatte Tanja Lina am Telefon belauscht, was sie ansonsten, so versicherte die Frau des Pfarrers, nie tat. Bei diesem Gespräch hatte Tanja erfahren, dass Saras Mutter sich das Leben nahm. Soweit Tanja verstanden, fühlte sich Lina an deren Tod schuldig. Sie hatte Saras Vater in der Klinik kennengelernt und eine Affäre mit ihm begonnen. Saras Mutter hatte davon erfahren und sich umgebracht.

Tanja merkte sich sogar den Namen des Krankenhauses, der während des Telefongespräches von Lina mehrmals genannt worden war. Frau Schröder wusste natürlich, dass es sich bei diesem Krankenhaus um eine psychiatrische Klinik handelte. Die Frau des Pfarrers hatte mit Frau Schröder im Vertrauen gesprochen, denn sie wusste, dass diese nicht zu den Tratschtanten im Ort zählte. Frau Schröder hatte ein enges Verhältnis zu dem Kind. Die beiden Frauen waren sich einig, dass Sara bei Lina sicher nicht gut untergebracht war. Frau Schröder erzählte der Frau des Pfarrers von der Tante und erfuhr, dass Tanja ebenfalls von dieser Tante berichtet hatte. Eines Abends, als sie bei Sara war, hatte eine Frau Krüger angerufen und nachdem Tanja erzählt hatte, dass sie die Babysitterin war, hatte sich diese erleichtert nach Sara erkundigt. Tanja hatte Sara ans Telefon gerufen. Sara war völlig aus dem Häuschen gewesen und hatte rote Wangen, als sie mit der Frau sprach. Am Ende des Gespräches hatte Sara gefragt, wann sie wieder zurück nach Frankfurt könne. Tanja wusste nicht, was die Tante zu Sara sagte, doch das Kind war nach diesem Gespräch sehr still und in sich gekehrt.

In den nächsten Tagen dachte Frau Schröder oft über das Gespräch nach. War es nicht ihre Pflicht, den Kontakt zu Saras Tante zu suchen? Oder war es eher so, dass sie sich da in eine Familienangelegenheit einmischte, die sie nichts anging? Eines Abends nach der Arbeit klingelte sie an der Tür des Pfarrers. Frau Möllers öffnete ihr und führte sie ins Wohnzimmer.

„Frau Möllers, ich weiß einfach nicht, was ich tun soll," begann Frau Schröder das Gespräch. „Seit Tagen geht mir unser Gespräch in der Bäckerei nicht mehr aus dem Kopf. Sara tut mir sehr leid, und ich würde dem Kind gerne helfen. Ich habe heute überlegt, ob ich im Telefonbuch nach dieser Tante suchen soll, oder mache ich einen Fehler, wenn ich mich da einmische. Vielleicht darf Sara dann nicht mehr in die Bäckerei kommen."

Frau Möllers machte ein besorgtes Gesicht. Sie schien einen inneren Kampf auszutragen. Nachdem ein paar Minuten drückendes Schweigen im Raum geherrscht hatte, antwortete sie:

„Nun Frau Schröder, ich weiß mir bei dieser Geschichte keinen Rat. Sicher, das Kind tut mir leid, schließlich habe ich selbst vier Kinder, aber, wenn ich mir so anhöre, was Tanja erzählt, so ist es sicher so, dass Lina keine gute Hausfrau ist. Ihr Lebenswandel entspricht auch nicht meinen moralischen Vorstellungen, doch trotz allem sorgt sie dafür, dass Sara nie allein im Haus ist. Vielleicht sollten wir uns nicht einmischen."

Frau Schröder war mit dieser Antwort nicht zufrieden. Missmutig schüttelte sie den Kopf: „Nein, Frau Möllers, wir können nicht einfach wegsehen. Ich werde die Telefonnummer der Tante herausfinden und sie anrufen."

„Das sollten sie nicht tun, Frau Schröder. Lassen Sie mich erst mal mit meinem Mann sprechen. Er weiß bestimmt einen Rat."

„Gut, sprechen Sie mit Ihrem Mann, vielleicht kann er als Seelsorger mit Lina und ihrem Mann sprechen."

Tagelang hörte Frau Schröder nichts von der Frau des Pfarrers, und nachdem Sara am Nachmittag wieder völlig verstört und in sich gekehrt bei ihr in der Bäckerei gesessen hatte, beschloss sie die Tante anzurufen.

Der Name Krüger war sehr oft im Telefonbuch zu finden. Sie benötigte am Abend viel Zeit, bis sie endlich die richtige Frau Krüger am Telefon hatte. Die Frau war nett, aber so fand Frau Schröder sehr unverbindlich. Nachdem Frau Schröder erzählt hatte, wer sie war und ihr Anliegen erklärt hatte, wurde Frau Krügers Stimme abweisend:

„Frau Schröder, es ehrt Sie sehr, dass Sie sich um meine Nichte sorgen, doch ich weiß nicht, wie ich Ihnen weiterhelfen kann. Ich habe jeden Kontakt zu meinem Schwager abgebrochen. Was er meiner Schwester angetan hat, lässt sich niemals verzeihen. Ich möchte ihn in meinem ganzen Leben nie wiedersehen!"

Frau Schröder war ganz erschrocken, als sie die eisige Stimme am anderen Ende vernahm. Was musste da geschehen sein, wenn jemand mit so viel Hass in der Stimme sprach, dachte sie und ein kalter Schauer durchfuhr sie. Sie entschuldigte sich bei der fremden Frau, dass sie angerufen hatte, aber trotz allem, ging es um ihre Nichte!

„Ja, Frau Schröder, Ihre Sorgen sind bestimmt berechtigt. Er wird Saras Leben genauso zerstören wie er das Leben meiner Schwester zerstört hat. Wissen Sie, Sara ist eigentlich nicht meine Nichte. Sie ist die Folge eines Seitensprunges, den mein Schwager hatte. Saras Mutter wollte die Kleine nicht, und meine Schwester hatte sich trotz allem, was er ihr angetan hat, um das Kind gekümmert. Dieser Mann, Frau Schröder, hat meine Schwester in den Wahnsinn getrieben. Die letzten drei Jahre ihres kurzen Lebens hat sie fast ausschließlich in der Psychiatrie verbracht. Ja, und als dieser Dreckskerl ein Verhältnis mit einer anderen Patientin anfing, ist sie in der Nacht aus dem Krankenhaus weggelaufen. Am nächsten Morgen fand man ihre Leiche in einem See nicht weit von der Klinik."

Frau Schröder hörte ein Schluchzen am anderen Ende. Die Verzweiflung dieser Frau traf sie tief in ihrer Seele.

„Verstehen Sie jetzt, Frau Schröder, weshalb ich mich nicht um Sara kümmern kann? Ich liebe dieses Kind, das müssen Sie mir glauben, aber ich kann nie wieder diesem Mann, der meine Schwester auf dem Gewissen hat, gegenübertreten!"

Es machte Klick in der Leitung und danach ertönte das Besetztzeichen. Frau Schröder hielt noch lange den Hörer in der Hand, unfähig einen klaren Gedanken zu fassen. Schnell wurde es im Raum dunkel. Sie saß an diesem Abend noch lange neben dem Telefon und dachte über die Tragweite des soeben Gehörten nach.

Selbst heute, nach all den Jahren, schauderte sie bei der Erinnerung an die abweisende Stimme der fremden Frau. Die Vergangenheit hatte sie heute fest im Griff. Selbst am Abend, als sie im Wohnzimmer saß und die Katzen neben ihr schliefen, kreisten ihre Gedanken um die Vorgänge, die sich vor über dreißig Jahre in ihrem Leben abgespielt hatten. Frau Schröder kochte sich eine Kanne Tee und setzte sich wieder hin. Ihr Kater Leo legte sich auf ihre Beine, um seine Streicheleinheiten zu erhalten. Die beiden anderen Katzen rannten inzwischen im Spiel durch die Wohnung, sprangen über das Sofa in eine wilde Jagd vertieft. Frau Schröder musste über die lustigen Tiere lachen: „Wenn ich euch nicht hätte," sagte sie laut zu dem Kater der wohlig auf ihrem Schoß schnurrte, und in Gedanken fügte sie hinzu: Dann hätte ich bestimmt all die Jahre nicht überstanden. Saras Vergangenheit ist auch meine Vergangenheit, dachte die Frau, und wieder versanken ihre Gedanken in der längst vergangenen Zeit.

Die kleine Sara war zu einer Zeit in ihr Leben getreten, als sie glaubte, dass nun alles vorbei sei. Sie war damals Anfang vierzig und seit fünf Jahren mit einem

Mann verheiratet, der in einer großen Fabrik in der Nachbarstadt sein Geld verdiente. Er hatte nie gewollt, dass seine Frau einer Arbeit nachging. Sie sollte zu Hause bei den Kindern bleiben und das Haus versorgen. Leider war sie in den fünf Jahren Ehe nicht schwanger geworden. Dieser Umstand war zwar belastend für ihre Ehe, doch sie hätte nie daran gedacht, dass ihr Mann sie eines Tages verlassen könnte. Als Frau Schröder dahinterkam, dass er sie mit einer zehn Jahre jüngeren Frau die in der Fabrik arbeitet, betrog, wusste der ganze Ort bereits von seiner Untreue. Die Trennung ging ohne Streit und Vorwürfe vonstatten. Eines Tages packte ihr Mann seine Sachen und zog zu seiner Geliebten. Seine Frau ließ er einfach ohne Geld in der viel zu teuren Wohnung zurück. Geld konnte sie von ihm nicht erwarten, denn seine neue Freundin war bereits im sechsten Monat schwanger. Da brauchte er jeden Pfennig. Frau Schröder war zu schwach, um zu kämpfen. Plötzlich hatte sie keinen Lebensunterhalt mehr. Sie wusste nicht, wie sie die Miete für die Wohnung zahlen sollte. Zum Glück lebten Frau Schröders Großeltern noch. Sie nahmen die Enkelin in ihr Haus auf und kümmerten sich um alles Nötige. Die

Enkelin, betäubt von ihrem Schmerz wegen des Betruges, verkroch sich tagelang im Bett. Frau Schröders Zustand war in den nächsten Monaten bedenklich. Sie ging nicht mehr aus dem Haus und hätte ihr Opa sich nicht um alles gekümmert, sie wäre einfach im Bett geblieben. Erst vor zwei Jahren waren ihre Eltern bei einem Autounfall ums Leben gekommen. Ihr ganzes Leben war ihr egal, sie hatte alle Perspektiven verloren. Sie hatte keinen Mann mehr, keinen Beruf und keine Ersparnisse.

Es dauerte etwa ein halbes Jahr, bis sie sich etwas berappeln konnte. Der Winter war vorbei und die warme Frühlingssonne stand am Himmel, als Frau Schröder zum ersten Mal nach draußen ging. An diesem Nachmittag schien alles von ihr abzufallen, wie ein viel zu schwerer Panzer. Darunter war eine neue Frau, die mit neuem Mut den Feldweg entlang schlenderte, in der Gewissheit, dass nun ein neuer Lebensabschnitt beginnen musste.

In den nächsten Monaten war Frau Schröder damit beschäftigt, sich ein eigenes Leben aufzubauen. Sie bekam eine Arbeitsstelle in der Bäckerei im Ort und als sie glaubte, alles wäre wieder gut in ihrem Leben, starb ihre Oma. Nur ein halbes Jahr später erlitt der Opa einen Schlaganfall, von dem er sich nicht mehr erholte. Wieder brach Frau Schröders Leben zusammen wie ein Kartenhaus. Alle Menschen, die für sie wichtig waren, hatten diese Welt verlassen. Das große Haus, in dem sie mit den Großeltern gelebt hatte, war still und ohne Leben.

Eines Abends, als sie auf dem Nachhauseweg war, fiel ihr Blick auf eine Tasche, die jemand achtlos in den Straßengraben geworfen hatte. Vielleicht wurde die Tasche gestohlen, dachte Frau Schröder und zog sie aus dem Graben, um in ihrem Inhalt nach einem Hinweis zu suchen. Als sie den Reißverschluss öffnete, erstarrte Frau Schröder. In der Tasche befanden sich drei junge Kätzchen. Erschüttert nahm sich Frau Schröder den drei Katzenkindern an. Schon bald stellte sie fest, wie gut ihr die Sorge für die Katzen tat. Bald waren die Tiere nicht mehr aus ihrem Leben wegzudenken. Als Sara in ihr Leben trat, waren ihre Tage wieder erfüllt und sowohl Sara als auch die Katzen begleiteten ihren weiteren Lebensweg. Nachdem ihre ersten Katzen in einem hohen Lebensalter nacheinander verstarben, fanden neue Katzen aus dem Tierheim den Weg zu ihr. Frau Schröder konnte sich ein Leben ohne Tiere nicht mehr vorstellen.

Ich besuchte den Garten von Frau Schröder in der nächsten Zeit oft. Bald hatte ich mich mit den drei Katzen angefreundet und besonders Paula, die mich an Lilly erinnerte, war mir ans Herz gewachsen. Inzwischen hatte ich meine verzweifelte Suche nach meinem Zuhause aufgegeben. Der Schuppen war zu meinem Zuhause geworden. Bei den Menschen, die in dem großen Haus wohnten, bekam ich immer etwas zu essen. Auch bei meinen neuen Freunden stand immer ein Schälchen Futter für mich bereit. Ihnen konnte ich von meinem Heimweh erzählen. Leider wussten die drei keinen Rat, wie ich zu meinem Zuhause finden konnte. Oft war ich traurig und mutlos. Ich vermisste Lilly so schrecklich, doch die Hoffnung, sie wiederzusehen, schwand mit jedem Tag, der verging.

Die Katze, die in ihren Schuppen eingezogen war, hatte Emmas und Rudolfs Leben verändert. Früher hatten sie nur noch wenige gemeinsame Gesprächsinhalte. Jetzt hatten sie ein gemeinsames Thema gefunden und das lautete: Wie geht es unserer Katze und wie können wir erreichen, dass sie zu uns ins Haus kommt. Für Emma und Rudolf stand es außer Frage, dass es sich bei ihrer Katze um einen Streuner handelte, der sich ein warmes Plätzchen gesucht hatte. In der nächsten Zeit taten die beiden alles, um es dem kleinen Kerl so gemütlich wie möglich zu machen. Inzwischen hatten sie ein kuscheliges Katzenbett angeschafft und eine Katzentoilette in den Schuppen gestellt, damit der arme Kerl bei schlechtem Wetter nicht nach draußen musste. Ihr Mobbelchen, wie sie den Kater liebevoll nannten, hatte diese Angebote dankbar angenommen, was ihre Theorie von dem heimatlosen Streuner ins Wanken brachte.

„Wenn der Kleine ein Zuhause hätte, würde er doch nicht in unserem Schuppen wohnen," sagte Rudolf, als seine Frau wieder einmal auf die Möglichkeit, dass ihr Mobbelchen schmerzlich von seinen Menschen vermisst wurde, hinwies.

„Du hast sicher recht," sagte Emma und hoffte inständig, dass der kleine Kerl, der ihnen so sehr ans Herz gewachsen war, tatsächlich von niemandem vermisst wurde. An die Möglichkeit, dass er eines Tages aus ihrem Leben verschwinden könnte, wollten beide nicht denken. Sie liebten den kleinen Kerl, der sich inzwischen auch von Emma streicheln ließ. Emma und Rudolf ermunterten den Kater jeden Tag mit ins Haus zu kommen und eines Abends war es so weit. Er folgte Emma und Rudolf ins Haus und ließ sich auf dem Sofa nieder.

Frau Schröder hatte heute frei. Sie setzte sich auf die Bank in ihrem Garten. Was ist das für ein wunderschöner Herbsttag, dachte sie und streckte ihre Glieder der warmen Sonne entgegen. Es dauerte nicht lange und die fremde Katze kam in den Garten. Frau Schröder beobachtete, wie sie freudig von ihren Katzen begrüßt wurde. Sie ging ins Haus und kam mit einer Schale Futter zurück, die sie dem kleinen Kerl hinstellte. Die Katze machte sich genussvoll über das dargebotene Futter her.

„Du hast aber keinen großen Hunger," sagte sie zu dem Kater, der mit einem Miau antwortete.

Vorsichtig berührte sie den Kopf des Tigerkaters, der die Berührung kurz zuließ, ehe er erschrocken zurückwich.

„Hast du eine neue Katze," ertönte Saras Stimme. Der Kater verschwand erschrocken im Gebüsch.

„Nein, nein, der kleine Kerl kommt seit ein paar Tagen. Ich denke er wohnt hier irgendwo. Komm' setz dich zu mir, Sara. Die Sonne ist wundervoll warm," sagte Frau Schröder.

Sara setzte sich auf die Bank.

„Ja, es ist ein wunderschöner Herbst in diesem Jahr," sagte die jüngere Frau. „Ich habe diese Katze noch nie gesehen."

„Das stimmt, aber vielleicht gehört sie einer der Familien aus dem Neubaugebiet. Da ist vor Kurzem erst eine Familie zugezogen," überlegte Frau Schröder.

„Das könnte so sein," sagte Sara. „Sie sieht nicht wie ein Streuner aus, allerdings habe ich sie nur kurz gesehen."

„Nein, dieser Kater ist kein Streuner. Da bin ich mir ziemlich sicher," antwortete Frau Schröder. Wie geht es dir, Sara? In den letzten Tagen hast du sehr bedrückt auf mich gewirkt."

„Das stimmt. Mir geht immer noch das blöde Wort nicht aus dem Kopf. Kannst du dir das vorstellen? Es ist nur ein Wort, aber es verfolgt mich bis in meine Träume," sagte Sara traurig.

„Ich denke du bist eine sensible junge Frau, die sich sehr viele Gedanken um andere Menschen oder um die Tiere macht. Mir geht es auch oft so, dass ich gerne die Welt verändern würde, aber ich kann das nicht. Manchmal bin ich sehr traurig. Vielleicht hat das Wort Unendlichkeit bei dir große Sorgen ausgelöst," sagte Frau Schröder sanft. Die ältere Frau ahnte, dass Sara in keiner guten seelischen Verfassung war.

„Vielleicht hast du recht. Ich denke oft, dass so viel Unrecht auf dieser Welt geschieht und ich so wenig tun kann," erwiderte Sara traurig.

„Das musst du nicht denken. Du bist ein hilfsbereiter Mensch, der hilft, wo er kann.

Oft hilfst du im Tierheim und deinen Katzen ging es vorher sehr schlecht," sagte Frau Schröder leise. „Wir können nicht die ganze Welt retten, aber die Hilfe, die wir geben, verändert für einen Menschen oder ein Tier sehr viel. Kennst du die Geschichte von dem kleinen Jungen, der die Seesterne zurück ins Meer warf?"

„Nein," sagte Sara.

„Der kleine Junge ging am Meer entlang und warf unermüdlich Seesterne zurück ins Meer. Ein Mann, der vorbeikam, sagte ihm, dass sein Unterfangen, alle Seesterne zu retten, aussichtslos war. Der kleine Junge ließ sich davon nicht beirren, denn er wusste, dass er nicht alle Seesterne retten kann, doch er konnte etwas tun, damit sie nicht alle um's Leben kamen," erzählte Frau Schröder.

„Das war ein tapferer kleiner Junge," sagte Sara. „Es gehört schon sehr viel Mut und Ausdauer dazu, wenn man die Welt verändern will. Vielleicht habe ich den Mut und die Ausdauer im Moment verloren."

„Das hast du nicht, Sara. Du bist einer der mutigsten Menschen, die ich jemals kennengelernt habe. Viele wären an deinem Schicksal zerbrochen, doch du hast für ein gutes Leben gekämpft und dabei niemals vergessen zu helfen. Daran musst du immer denken, wenn du mutlos bist," sagte Frau Schröder und legte den Arm um Saras Schulter. „Das tut so gut," sagte Sara und Tränen liefen über ihr Gesicht. „Danke, du bist für mich der liebste und der mutigste Mensch auf dieser Erde."

Ich hatte mich in meinem neuen Leben zurechtgefunden. Manchmal dachte ich darüber nach, mein neues Zuhause in dem Schuppen von Emma und Rudolf aufzugeben und ins Haus umzuziehen. Die beiden Menschen kümmerten sich gut um mich und verbrachten viel Zeit im Schuppen, wenn ich da war. Inzwischen hatten sie zwei kuschelig warme Katzenbetten in den Schuppen gestellt und ich bekam nur das allerbeste Futter. Ich mochte die beiden und ließ mich gerne von ihnen streicheln. Immer wieder forderten sie mich auf, mit ihnen ins Haus zu kommen. Natürlich verstand ich ihr Anliegen, war ihm aber noch nicht nachgekommen. Die Hoffnung, mein richtiges Zuhause wiederzufinden, war allgegenwärtig. Immer noch suchte ich verzweifelt nach dem Weg, der zu meinem Zuhause führte. Ich hatte keinen Erfolg. Meine Erinnerungen an den Weg waren wie ausgelöscht, denn das Feuer und das laute stinkende Ding vor Maries Haus hatten mich in Panik verfallen lassen. Ich war blind vor Panik gerannt, ohne nach rechts oder nach links zu sehen. Meine Situation machte mich sehr traurig, doch inzwischen waren viele Tage vergangen und es würde nicht mehr lange dauern, bis dieser warme, sonnige Herbst in einen kalten Winter überging. Als eine Hauskatze, die ich inzwischen war, hatte ich keine große Lust im Winter umherzuirren. Hier hatte ich Menschen, die sich um mich kümmerten! So verschob ich die weitere Suche nach meinem Zuhause auf das Frühjahr. Wenn die Temperaturen angenehm waren, kam ich, falls ich mich verlaufen sollte, besser klar. Ich konnte Mäuse jagen, um meinen Hunger zu stillen und im Freien übernachten. Zurück wollte ich auf jeden Fall! Ich vermisste mein Zuhause und vor allem Lilly schmerzlich. Nach diesen Überlegungen entschloss ich mich ins Haus umzuziehen, was Emma und Rudolf große Freude bereitete. Sie kümmerten sich noch mehr um mich und es dauerte nicht lange, bis ich bei den beiden im Bett schlief.

5. Kapitel

Marie vermisste ihren Luis an jedem Tag schmerzlich. Alle Versuche, den kleinen Kerl zu finden, waren im Sand verlaufen. Jeden zweiten Tag hatte sie in den Tierheimen nachgefragt. Sie hatte Plakate aufgehängt und mehrere Anzeigen in der Tageszeitung geschaltet. Der Kater war und blieb spurlos verschwunden! Oft beschlich Marie der Verdacht, dass Luis nicht mehr am Leben war. Sie dachte an den Abend, als sie voller Angst war, weil sie glaubte, die Krankheit sei zurückgekommen. Wie hatte sie nur so unachtsam sein können. Wäre das Feuer nicht ausgebrochen, hätten ihre Nachbarn nicht die Feuerwehr verständigt. Marie war sich sicher, dass Luis voller Panik geflohen war. Vielleicht war er dabei vor ein Auto gerannt. Marie hatte überall nachgefragt, ob jemand eine tote Katze gefunden hat, doch auch diese Suche blieb ohne Erfolg. Ob sie darüber glücklich sein sollte, wusste Marie nicht, denn nicht selten wurden tote Katzen, die von verantwortungslosen Menschen überfahren wurden, einfach irgendwo entsorgt. Vielleicht war Luis einem Jäger zum Opfer gefallen. Immer wieder hörte Marie von Katzen, die von einem schießwütigen Jäger erschossen worden waren. Diese Jäger brüsteten sich mit ihren Taten und waren der Meinung, dass sie das Recht dazu hätten, eine Katze, die im Wald unterwegs war, abzuknallen. Ihnen war es egal, ob ein Mensch sein Tier schmerzlich vermisste und in der Ungewissheit über dessen Verbleib leben musste. Für diese Jäger stand der Spaß am Töten im Vordergrund. Marie schüttelte den Kopf, als könnte sie so ihre düsteren Gedanken vertreiben. Luis war nicht die erste Katze, die spurlos aus ihrem Leben verschwand. Vor ein paar Jahren waren viele Katzen aus der Nachbarschaft plötzlich verschwunden. Eines Tages war ihre geliebte Micky weg. Micky war schon alt und es wäre ihr niemals eingefallen wegzulaufen, doch als Marie, die damals noch arbeitete, nach Hause kam, war sie weg. Das war nun schon sechs Jahre her. Der Schmerz über diesen Verlust war tief in Maries Seele. Micky war oft in ihren Gedanken. Die Lücke, die ein Tier hinterlässt, wenn es stirbt, ist groß. Ein Tier, das verschwindet und seine Menschen in der Ungewissheit zurücklässt, bereitete seelische Schmerzen, die nie vergehen. Micky war, als sie verschwand, schon alt und heute sicher nicht mehr am Leben, doch die Ungewissheit war wie damals quälend für Marie. Wäre sie damals gestorben, so hätte Marie eines Tages damit abschließen können. Sie hätte akzeptiert, dass Tiere nicht so lange leben wie Menschen. Sie hätte sich damit getröstet, dass sie Micky ein schönes Leben geschenkt hatte. So war die Ungewissheit in Marie geblieben und es tat nach den vielen Jahren immer noch weh. Würde es bei Luis genauso sein? Marie vergrub ihr Gesicht in Lillys weichem Fell und weinte. Die blinde Lilly spürte ihren Schmerz und war auf ihre Beine gesprungen. Die Tränen wollten nicht versiegen. In Marie brannte nicht nur der Schmerz über Luis Verschwinden. Marie weinte oft, weil so vielen Tieren und der Natur von den Menschen großes Unrecht geschah. Was hatte sie schon an Leid erlebt, während der langen Jahre, die sie im Tierschutz tätig war! Wann würde es Gerechtigkeit für die Tiere geben? Wann würden die Menschen endlich verstehen, dass ihre Verbrechen an den Tieren und der Natur eines Tages zu einem Bumerang wurden? Zu diesem Zeitpunkt ahnte Marie noch nicht, dass nur wenige Monate später ein Virus die Welt in Atem halten sollte. Die missbrauchte Natur und ihre missbrauchten Geschöpfe würden sich gegen die unvernünftige Menschheit zur Wehr setzen. Das alles wusste Marie nicht, als sie verzweifelt das Gesicht in Lillys Fell vergrub und weinte. Was konnte sie noch tun, um Luis zu finden? Marie wusste keinen Rat.

Emma und Rudolf hatten den Alltag auf ihren neuen Mitbewohner ausgerichtet. Alles drehte sich um ihr Mobbelchen. Das stand im Gegensatz zu der Kommunikation, die sie ohne den Kater hatten. Während es früher kaum noch gemeinsame Gesprächsthemen gab, war jetzt viel zu besprechen. Ihr Mobbelchen hatte das neue Futter verschmäht, hatte endlich das neue Kuschelbett ausprobiert - bei Emma und Rudolf gab es plötzlich so viel Gesprächsstoff! Als ihr Mobbelchen eines Morgens von seinem Freigang nicht rechtzeitig zurückkam, war das Ehepaar in heller Aufregung. Abwechselnd sahen sie aus dem Fenster. Als der Kater verschwunden blieb, machten sie sich auf den Weg, um ihn in der näheren Umgebung zu suchen. Nach einer zweistündigen Suche kehrten sie in ihr Haus zurück. Dort wurden sie von Mobbelchen erwartet. Sein lautes Miauen ließ seine Menschen in eine Geschäftigkeit verfallen, die zum Ziel hatte, dem Kater schnell ein besonders leckeres Futter zu geben. Glücklich beobachteten sie den getigerten Kater, der hungrig sein Futter verschlang. Als er damit fertig war, putzte er sich ausgiebig und legte sich auf das Sofa, wo er schnell eingeschlafen war.

„Ich kann dir nicht sagen, wie froh ich bin, dass Mobbelchen zu uns gekommen ist," sagte Emma zu Rudolf.

„Mhm, ich würde sogar sagen, dass Mobbelchen unsere Ehe gerettet hat," sagte Rudolf mit einem schelmischen Lächeln.

„Das stimmt! Seit Mobbelchen bei uns ist, hast du dich wieder zu einem aufmerksamen Ehemann entwickelt," lachte Emma und stupste Rudolf neckisch mit dem Ellbogen in die Seite.

„Ja, ja, ich war unausstehlich. Irgendwie hatten mich Unzufriedenheit und Langeweile erfasst. Seit Mobbelchen bei uns ist, fühle ich mich ausgeglichen und zufrieden," gestand Rudolf und machte ein nachdenkliches Gesicht. Es war schon erstaunlich, wie der kleine Kerl ihr Leben verändert hatte.

„Na ja, vielleicht haben wir durch Mobbelchen wieder zueinandergefunden.

Jedenfalls bin ich wieder glücklich in deiner Nähe," sagte Emma jetzt ebenfalls in einem ernsten Ton.

„War ich so unausstehlich," fragte Rudolf kleinlaut.

„Das kann man wohl sagen. Lange hätte ich deine schlechte Laune nicht mehr ertragen," erwiderte Emma ehrlich.

„Es tut mir leid, Emma. Ich verstehe selbst nicht, was da in mich gefahren ist. Wir hatten so viele Pläne für den Ruhestand, aber irgendwie bin ich in eine, ich würde sagen, Depression verfallen aus der ich nicht mehr herauskam. Ich habe mir so oft vorgenommen am nächsten Tag etwas mit dir zu unternehmen oder im Garten zu arbeiten, aber ich habe das einfach nicht geschafft. Kannst du das verstehen," fragte Rudolf und sah seine Frau bittend an.

„Ach Rudolf, ich bin einfach nur froh, dass es dir bessergeht und das hat unser kleines Mobbelchen geschafft," sagte Emma und umarmte ihren Mann.

„Das ist wohl wahr und ich kann dir nicht erklären, wie der kleine Kerl das geschafft hat. Weißt du, ich habe vor Kurzem in der Apothekerzeitung gelesen, dass Tiere für ältere Menschen so etwas wie ein Jungbrunnen sind. Das trifft auf mich zu. Seit der Kater bei uns ist, habe ich mich jeden Tag besser, ja lebendiger gefühlt. Ich habe mich immer gefreut den kleinen Kerl zu sehen und plötzlich konnten wir beide auch wieder miteinander reden. Wir haben nicht länger aneinander vorbeigelebt," erwiderte Rudolf nachdenklich.

Emma nickte verständnisvoll. Auch sie hatte keine Erklärung, wie es dem Kater gelingen konnte sie als Paar wieder zusammen zu führen. Vielleicht war es die gemeinsame Fürsorge, die sie zu Gesprächen animiert hatte. Irgendwann war die Mauer, die zwischen ihnen entstanden war, verschwunden. Sie waren wieder Emma und Rudolf! Das Ehepaar, das so vieles gemeinsam durchgestanden hatten Kinder großgezogen und auf den rechten Weg geschickt hatte. Ein unschlagbares Team, das nun im Herbst seines Lebens angekommen war. Endlich waren sie frei von Sorgen um die Kinder und wollten etwas erleben.

„Lass' uns endlich nach Afrika fahren," sagte Emma. „Es ist doch schon seit so vielen Jahren unser Traum dieses Land zu sehen. Wir träumen schon so lange davon auf eine Safari zu gehen, die wundervollen Tiere zu sehen und die Lebensweise der Menschen kennenzulernen."

„Du hast recht, Emma! Wir sollten endlich unseren Traum von Afrika verwirklichen. Wer weiß, wie lange wir dazu noch in der Lage sind," erwiderte Rudolf und Emma hörte die Traurigkeit in seiner Stimme, die sie daran erinnerte, dass der größte Teil ihrer Lebenszeit vorüber war und Träume schnell verwirklicht werden mussten.

„Aber was soll aus unserem Mobbelchen werden, wenn wir in Afrika sind," überlegte Rudolf.

„Wir müssen jemanden finden, dem Mobbelchen vertraut und der gut für ihn sorgen kann, wenn wir in Afrika sind. Vielleicht könnte Maike sich um ihn kümmern. Maike liebt Tiere über alles und du weißt ja, dass sie sich immer für den Tierschutz stark gemacht hat," sagte Emma.

„O ja, das ist eine gute Idee. Maike wird sich sehr gut um unseren Kater kümmern. Wir sollten unsere Reise in die Semesterferien planen. Unsere Jüngste wird sich sicher über einen Job in den Semesterferien freuen. Sie müsste ja nur hier wohnen und den Kater versorgen," überlegte Rudolf laut und war von seiner guten Idee begeistert.

Emma nickte eifrig und so war es für das Ehepaar eine beschlossene Sache mit ihrer jüngsten Tochter über die Reisepläne zu sprechen.

Ich wusste nichts von den Plänen und Wünschen der Menschen, die für mich sorgten. Ich hatte gelernt auf den Namen Mobbelchen zu reagieren, den das bedeutete Nahrung für mich. Wie hätte ich diesen Menschen auch vermitteln sollen, dass ich eigentlich Tiger war und Marie mich Luis nannte? Ich war nur ein armer Kater, der sein Zuhause verloren hatte und nicht wusste, wie er den Weg zurückfinden sollte. Ich hatte mich mit meinen neuen Freunden, die bei der älteren Dame zu Hause waren, beraten, doch unterm Strich hatten sie keinen Ratschlag für mich. Paula hatte eines Tages die Idee, gemeinsam nach meinem Heimweg zu suchen. Sie kannte sich in der Gegend gut aus und zeigte mir verschiedene Wege, die vom Dorf wegführten und an deren Ende vielleicht mein Zuhause war. Dankbar über diese Hilfe war ich Paula gefolgt, doch jeder Weg, den sie mit mir ging, endete im Unbekannten für mich. Nichts erinnerte mich an meinen Nachhauseweg. Ich musste mir eingestehen, dass ich in meiner Panik blind für jede Wahrnehmung war. Es gab keine Erinnerungen. Kein Haus war mir bekannt, keine Straße, kein Wald, kein Feld, kein Baum. Alles war für mich unbekannt und ich musste Paula gestehen, dass kein Weg, den sie mir zeigte, in mir eine Erinnerung wachgerufen hatte. Paula war darüber sehr enttäuscht. Sie hatte sich alle Mühe gegeben, mit mir den Heimweg zu finden.

„Ach Tiger, wenn du dich an nichts mehr erinnern kannst, werden wir dein Zuhause niemals finden," sagte sie.

„Ja Paula, ich weiß. Ich werde niemals mehr mein Zuhause finden," schluchzte ich und Tränen kullerten aus meinen Augen.

„Jammern bringt uns nicht weiter!. Versuche dich auf den Weg zu konzentrieren. Dir muss doch irgendetwas bekannt vorkommen," sagte Paula. Sie war inzwischen genervt von ihrer Suche und wollte endlich Tigers zu Hause kennenlernen. Tiger hatte ihr erzählt, dass es das beste Zuhause auf dieser Welt war. Paula konnte ihm das nicht glauben. Das Zuhause bei Frau Schröder war einfach wundervoll. Wie sollte es da noch ein besseres Zuhause geben?

„Ach Paula, ich vermisse Marie und meine Lilly so schrecklich," sagte ich entschuldigend. Ich wollte Paula nicht verärgern, denn ich war froh, dass sie mir half den richtigen Weg zu finden. Ich hatte Paula versprochen, dass ich ihr mein Zuhause zeigen würde, wenn wir es irgendwann finden konnten.

„Wir gehen zurück. Ich habe keine Lust mehr," erwiderte Paula genervt.

Ich folgte Paula schweigend, denn ich wollte sie nicht weiter verärgern. Als wir bei Frau Schröders Haus ankamen steuerte Paula direkt auf die Katzenklappe zu, die sich im unteren Teil der Tür befand. Ich war noch nie im Haus gewesen und wollte das auch nicht ändern.

„Komm' mit," sagte Paula. „Ich zeige dir, wie ein schönes Zuhause aussieht."

„Ich will lieber hier draußen bleiben," antwortete ich kleinlaut.

„Jetzt sei doch kein Angsthase und komm' mit," rief Paula und verschwand durch die Katzenklappe ins Haus.

„Jetzt komm' schon," hörte ich Paulas Stimme aus dem Inneren des Hauses.

Ich nahm all meinen Mut zusammen und kroch durch die Katzenklappe ins Haus.

„Jetzt schau' dir unseren kleinen Gast an," hörte ich Frau Schröders Stimme. Sie saß mit Sara am Tisch. Die beiden Frauen tranken Kaffee.

„Ihr zwei Süßen seid bestimmt hungrig,"
sagte Sara und verteilte Katzenfutter auf
zwei Teller.

Paula und ich hatten tatsächlich Hunger
und ließen es uns schmecken. Später
würden Emma und Rudolf in große
Aufregung verfallen, wenn ich das liebevoll
angerichtete Futter verschmähte, doch das
wusste ich noch nicht. Das Futter
schmeckte wunderbar und nach dem Mahl
ließen wir uns von Frau Schröder und Sara
ausgiebig streicheln.

„Dein Zuhause ist wirklich sehr schön und
deine Menschen sind lieb," sagte ich zu
Paula.

„Siehst du, das ist ein schönes Zuhause
und du könntest einfach bei uns bleiben.
Frau Schröder und Sara haben bestimmt
nichts dagegen," schlug Paula vor.

„Na ja, bei Emma und Rudolf ist es auch
sehr schön und eigentlich will ich zurück in
mein richtiges Zuhause," erwiderte ich.

„Ach Tiger, wir haben doch jetzt schon so
oft gesucht und dein Zuhause nicht
gefunden. Ich denke, du musst dich damit
abfinden, dass du hier leben musst. Dann
wäre es doch gut, wenn du dich für dieses
Zuhause entscheiden würdest. Hier
wohnen noch mehr Katzen und ich dachte,

du magst mich," sagte Paula und sah mich erwartungsvoll an.

„Ja Paula, ich mag' dich sehr, aber Lilly ist meine Herzensdame und ich muss unbedingt mein Zuhause finden," antwortete ich traurig.

„Ich glaube, du rennst einer Illusion hinterher," erwiderte Paula. „Du wirst dein Zuhause nicht mehr finden. Damit musst du dich abfinden."

„Das kann ich nicht," sagte ich traurig.

Lilly vermisste ihren Tiger ganz schrecklich. Sie war sehr traurig und suchte immer wieder Maries Nähe. Marie wusste, dass Lilly ihren Gefährten vermisste und kümmerte sich ausgiebig um die blinde Katze, die so liebevoll und zärtlich war. Lilly war ein Goldschatz. Das hatte Marie im ersten Moment gespürt. Die Kleine legte ein soziales Verhalten an den Tag, das einzigartig war. Lilly schaffte es mit jeder Katze, die bei Marie lebte, ein liebevolles Verhältnis aufzubauen. Das machte sie einzigartig. Lilly war schlau und konnte dadurch ihre Blindheit sehr gut ausgleichen. Sie kannte jeden Gegenstand im Haus und im Garten und nichts erinnerte an ihre Blindheit, wenn sie in ihrer gewohnten Umgebung unterwegs war.

„Ach Lilly, werden wir jemals Luis wiederfinden," sagte Marie und, wie immer, wenn sie an den Kater dachte, liefen Tränen über ihr Gesicht. Die Ungewissheit war so schlimm! Wenn eine Katze durch einen Unfall ums Leben kommt, ist das eine Katastrophe, dachte Marie, aber die Ungewissheit, nicht zu wissen, ob die Katze noch am Leben war oder ob sie an böse Menschen geraten ist und leiden musste, machte den Verlust unerträglich. Lilly schmiegte sich an Marie. Die Katze spürte ihren Schmerz und versuchte zu trösten. Marie saß einfach da und streichelte Lilly. Zwei weitere Katzen gesellten sich zu ihr. Katzen haben ein feines Gespür für ihre Menschen. Viele Menschen glauben, dass dieses Einfühlungsvermögen nur den Hunden gegeben war, doch die Menschen, die mit Katzen zusammenleben, verneinen das. Katzen haben ein sehr feines Gespür für ihre Menschen. Sie sind zwar eigenwillig und gehen gerne ihre eigenen Wege, doch das bedeutet nicht, dass sie weniger eng mit ihrem Menschen verbunden sind. Die Liebe einer Katze war eine andere als die eines Hundes. Hunde möchten immer bei ihrem Menschen sein und sind auf seine Zuwendung angewiesen. Menschen, die sich einen treuen Freund wünschen, der für sie durchs Feuer geht, werden sich für einen Hund entscheiden. Menschen, die Katzen lieben, sind von deren Eigensinn und Unabhängigkeit fasziniert. Katzen sind die Haustiere, die nicht vom Menschen domestiziert wurden. Sie haben sich freiwillig in die Nähe der Menschen begeben und waren von ihnen toleriert, weil sie die Vorräte vor Nagetieren schützten. So hatten die Katzen zwar immer bei den Menschen gelebt, doch sie haben nie ihre Freiheit aufgegeben. Sie haben sich ihre Selbstständigkeit erhalten und sind, wenn sie genügend Beutetiere finden, auf den Menschen nicht angewiesen, was aber nicht bedeutet, dass sie dessen Fürsorge nicht schätzen. Die Aussage: Hunde haben einen Herrn und Katzen haben Personal beschreibt den Eigensinn der Katze gut. Katzen sind ein Widerspruch in sich. Menschen, die mit

Katzen zusammenleben, kennen dieses Phänomen sehr gut. In der einen Minute ist die Katze auf Schmusekurs, um im nächsten Moment ihrem Menschen die Grenzen zu setzen. Viele, die keine Katzen mögen, sind der Meinung, dass sich hinter diesem Verhalten eine bösartige Absicht verbirgt, doch dem ist nicht so! Ein wechselhaftes Verhalten gehört zu einer Katze wie der Schwanz. Katzenmenschen wissen das und sind in der Lage, die Stimmungsschwankungen ihrer Stubentiger zu erkennen und diese zu akzeptieren. Katzenmenschen sind gerne das Personal ihrer Katze und sie tun alles, um es ihr so schön wie möglich zu machen. Das lohnt sich, denn die Liebe und Treue der Katze muss sich der Mensch verdienen!

Es gibt Katzen, die ihrem Menschen bedingungslose Liebe entgegenbringen. So wie die blinde Lilly! Sie war immer in Maries Nähe. Sie liebte jede Zuwendung und belohnte sie mit wohligem Schnurren. Das Schnurren ihrer Katzen beruhigte und tröstete Marie. Sie saß da, konzentrierte sich auf Lillys Schnurren und spürte, wie sie ruhiger wurde.

Marie wurde abrupt aus ihren Gedanken gerissen, als das Telefon klingelte. Sie schaute auf das Display ihres Handys und sah, dass Ramona anrief. Ramona war eine gute Freundin aus der Schulzeit. Sie hatte vor zehn Jahren einen Spanier geheiratet und lebte in Barcelona, wo sie eine große Katzenkolonie betreute. Leider kam es immer wieder vor, dass Katzen zuwanderten und Kitten zur Welt brachten. Die Kätzinnen waren oft mit Katzenschnupfen oder anderen Krankheiten infiziert und brachten kranke, teilweise blinde Kitten zur Welt. Auch Lilly war so ein Katzenkind gewesen. Ramona war sehr glücklich, dass Marie Lilly ein Zuhause geschenkt hatte. Die Freundin kannte die Tierschützer, die Lilly nach Deutschland vermittelt hatten. Heute hatte sie ein Anliegen, bei dem sie auf Maries Hilfe hoffte.

„Hallo Marie," meldete sich Ramona am Telefon und kam gleich zur Sache. „Stell' dir vor, vor ein paar Wochen ist eine junge Katze in der Kolonie aufgetaucht, die in einem sehr schlechten Zustand war. Schnell haben wir festgestellt, dass das arme Kätzchen, das schätzungsweise nicht mal ein Jahr alt war, schwanger ist. Wir haben alles versucht, um die kleine Hope, wie wir sie nannten, aufzupäppeln und medizinisch zu versorgen. Nur drei

Wochen später hat sie ihre Jungen zur Welt gebracht und ist dabei gestorben. Von vier Katzenkinder kamen zwei lebend und mit entzündeten Augen auf die Welt. Bei dem kleinen Kater waren die Entzündungen so schlimm, dass der Tierarzt die Augen entfernen musste. Bei dem Mädchen sind die Augenäpfel degeneriert, aber die Entzündung konnte gut behandelt werden." Ramona machte eine kurze Pause. Die Leiden dieser Katzen setzten ihr sehr zu und Marie hörte, dass Ramona am anderen Ende der Leitung weinen musste.

„Ramona, das ist so schlimm," sagte Marie unbeholfen. Sie hatte keine Ahnung, wie sie der Freundin Trost spenden sollte. Marie kannte die Katzenkolonie in Spanien. Zweimal im Jahr besuchte sie Ramona in Spanien und schickte regelmäßig Katzenfutter, Decken und Spielsachen zu ihrer Freundin. Mit jedem Cent den sie erübrigen konnte versuchte Marie die Leiden der Katzen zu mildern. Inzwischen hatte sie, über das Internet, Unterstützer für Ramonas Katzenkolonie gefunden und einige der menschenbezogenen Katzen, die den Weg in Ramonas Kolonie gefunden hatten, konnten schon vermittelt werden.

„Ja Marie," sagte Ramona, die sich wieder unter Kontrolle hatte. „Wir brauchen dringend jemanden, der die Katzenkinder aufnimmt. Ein Leben in der Kolonie ist viel zu gefährlich für die Kleinen. Luna und Candy brauchen dringend ein Zuhause und ich dachte, du könntest mir vielleicht helfen."

„Wie schnell brauchst du ein Zuhause für die Kleinen," fragte Marie und in ihrem Kopf arbeitete es.

„Das Problem ist, dass Luna und Candy auf einer völlig überfüllten Pflegestelle sitzen. Estefania hat schon fünfzehn Katzen plus Luna und Candy. Sie braucht dringend Platz für zwei misshandelte Katzen, die sehr verängstigt sind," erzählte Ramona. „Ansonsten sind unsere Pflegestellen alle überfüllt und das wird sich auch in absehbarer Zeit nicht ändern. Wir haben im Moment viele kranke, alte oder verhaltensgestörte Katzen, die dringend auf Pflegeplätze angewiesen sind."

„Ich werde die beiden aufnehmen. Mein Luis ist ja, wie du weißt, spurlos verschwunden und ein wenig Leben im Haus wird mir guttun. Außerdem würde sich Lilly sicher über zwei Spielgefährten freuen," erwiderte Marie spontan.

„Das freut mich, Marie. Vielleicht kannst du ja liebe Menschen für die beiden finden. Ich werde mich mit unseren Flugpaten in Verbindung setzen. Sobald da jemand nach Deutschland fliegt, sage ich dir Bescheid," freute sich Ramona.

Die Freundinnen verabschiedeten sich und Marie setzte sich vor den Fernseher. Sie brauchte dringend Ablenkung. Die neuen Aufgaben, die mit den beiden Katzenkindern auf sich warteten, würden sie etwas von Luis ablenken.

Emma war überglücklich. Bald würde sie mit Rudolf nach Afrika fliegen und endlich würde sie das Land, das sie so sehr liebte, wiedersehen. Endlich konnte sie Rudolf Afrika zeigen. Emma saß auf dem Balkon und genoss die warme Herbstsonne. Sie hatte das Fotoalbum mit den Bildern, die sie damals in Kenia gemacht hatte, ausgepackt. Emma dachte an die längst vergangene Zeit. Sie war eine junge Studentin gewesen und unsterblich in einen kenianischen Mann verliebt, den sie in der Uni kennengelernt hatte. Mit ihm war sie nach Kenia gereist. Emma hatte bei der Reise ihr Herz an dieses Land verloren, von denen viele Menschen sagen, dass man entweder sein Herz an Afrika verliert und immer wieder zurückkehren möchte oder keinen Bezug herstellen kann. Emma war fasziniert von der roten Erde im „Tsavo Ost" Nationalpark und den Roten Elefanten. Die Roten Elefanten sind eigentlich nicht rot. Der rote Sand, in dem sie badeten, verleiht ihnen die rote Farbe. Emma konnte sich an den Tieren nicht sattsehen. Sie sah Frauen, die ihre Wäsche an den Wasserstellen wuschen. Alles war so wie in den vielen Filmen, die sie über dieses Land gesehen hatte. Sie lauschte am Abend den Geschichten ihres Reiseführers, der Legenden über das Land erzählte. Eine dieser Geschichten war Emma besonders in ihren Erinnerungen präsent. Es war die Geschichte über die Affenbrotbäume. Diese Bäume sehen so aus, als ragten die Wurzeln in den Himmel. Die Legende erzählt davon, dass ein Gott in seinem Zorn die Bäume aus der Erde gerissen und mit den Wurzeln nach oben in die Erde gerammt hatte.

Emma sah die schneebedeckten Gipfel des Kilimandscharo. Sie trat am Morgen aus der Unterkunft, in der sie übernachtet hatten, blickte auf den Kilimandscharo und sah Zebras und Antilopen, die friedlich grasten. Auf der Weiterfahrt sahen sie eine Gruppe Löwen ganz nah und als sie im

„Amboseli" Nationalpark viele tote Tiere sahen, die wegen der ausbleibenden Regenzeiten kein Wasser mehr hatten, weinte Emma bittere Tränen. Hier in Afrika erlebte Emma die schlimmen Folgen des verantwortungslosen Handelns der Menschheit hautnah. Während sie im Wohlstand lebte, starben hier in jeder Sekunde ein Mensch oder ein Tier. Emma war überwältigt von der Schönheit dieses Landes und von der traurigen Erkenntnis, dass hier Schönheit, Leiden und Tod eng beieinanderlagen. Emma erlebte in der Nacht einen Sternenhimmel, der so unbeschreiblich schön war, dass er sie zum Weinen brachte und sie weinte, wenn sie die vielen Kinder sah, die nichts zu essen hatten. Afrika war für Emma zum Inbegriff der Schönheit und der Einsicht, wie klein der Mensch in der Natur war, geworden. Diese Wochen in Afrika hatten ihr weiteres Leben beeinflusst. Sie hatte sich immer für den Tier-und Umweltschutz stark gemacht und war bestrebt, ihren Schülerinnen und Schüler dafür zu sensibilisieren. Während ihrer Zeit als Lehrerin hatte Emma viel Projekte, die sich mit Tier-und Umweltschutz befassten, ins Leben gerufen. Rudolf hatte sie als junge Lehrerin bei ihrem ersten Projekt unterstützt und so hatte ihre Liebe begonnen, die nun schon dreißig Jahre währte. Es würde wunderschön sein, mit Rudolf Afrika zu bereisen, dachte Emma. Sie ahnte nicht, dass drei Tage später ihr ganzes Leben aus den Fugen geraten würde. Sie hatte gerade ein Telefongespräch mit ihrer jüngsten Tochter, die sich bereit erklärte, auf ihren Kater aufzupassen, wenn sie auf ihre Reise gingen, beendet, als das Telefon klingelte. Ein Arzt aus dem Städtischen Krankenhaus war am anderen Ende der Leitung. Er bat sie, sofort in die Klinik zu kommen. Rudolf hatte einen Unfall. Außer sich vor Sorge fuhr sie in die Klinik. Dort erfuhr sie, dass ihr Mann, während er Auto fuhr, einen Schlaganfall erlitten hatte. Wenige Stunden später starb Rudolf, ohne das Bewusstsein wiedererlangt zu haben. Für Emma zerbrach eine ganze Welt.

Ich wusste nicht, was in meinem neuen Zuhause passiert war, sondern spürte nur Emmas unendlichen Schmerz. Rudolf war und blieb verschwunden. Eines Tages, als ich wieder einmal die weinende Emma versuchte zu trösten, kam ich zu dem Schluss, dass es so war wie damals, als eine alte Katze an unserer Futterstelle nicht mehr zurückkam. Meine Mutter hatte mir erklärt, dass die Katze über die Regenbogenbrücke gegangen war. Das war, dachte ich, bei Rudolf genauso. Ich spürte die Hoffnungslosigkeit in Emmas Worten, wenn sie mit mir sprach. Rudolf würde nicht mehr zurückkommen und das machte mich sehr traurig.

Eines Nachmittags als die Herbstsonne wie so oft in den letzten Tagen von einem blauen Himmel strahlte, ging ich zu Paula. Ich wollte ihr von meinem Kummer erzählen.

„Bist du sicher, dass dein Mensch nicht nur kurz weg ist," fragte mich Paula.

„Menschen tun das manchmal."

„Nein Paula, Rudolf ist über die Regenbogenbrücke gegangen. Was soll ich tun, wenn Emma auch noch über die Regenbogenbrücke geht? Dann bin ich ganz allein," sagte ich traurig.

„Wir werden uns noch mal auf den Weg machen und nach deinem richtigen Zuhause suchen," erwiderte Paula. „Ich kenne einen Weg, den wir noch nicht ausprobiert haben. Außerdem kannst du bei uns wohnen, wenn deine Menschen nicht mehr da sind"

Hoffnungslos folgte ich Paula. Die Möglichkeit tatsächlich zu Marie

zurückzufinden hatte ich aufgegeben. Ich folgte Paula, um mich von meinem Schmerz abzulenken. Wir liefen einen bekannten Weg, bis Paula in eine Seitenstraße einbog. Hier gab es nur wenige Häuser und nichts erinnerte mich an den Heimweg. Als wir am Ende der Straße angekommen waren, fiel mein Blick in einen Garten, wo zwei Katzen in einem Spiel vertieft waren. Ich traute meinen Augen kaum, als ich meine Schwestern erkannte. Das waren Lela und Aischa.
„Lela, Aischa," rief ich.
Die beiden Katzenmädchen drehten neugierig die Köpfe in unsere Richtung.
„Tiger, bist du das wirklich," fragte Aischa.
„Ja, Aischa, ich bin Tiger und das ist meine Freundin Paula," sagte ich und sah meine Schwestern aufmerksam an. Sie waren zu bildhübschen Katzendamen herangewachsen.
„Was tust du hier, Tiger," fragte Lela und ich glaubte einen Unterton in ihrer Stimme zu hören, der nicht freundlich war.
„Ich suche nach meinem Zuhause," berichtete ich und erntete verwunderte Blicke von meinen Schwestern.
„Wieso suchst du dein Zuhause," fragte Aischa verständnislos.

Ich erzählte den beiden von dem Feuer, das auf Maries Balkon ausgebrochen war. Das große, laute Ding, hatte mich zu meiner panischen Flucht veranlasst. Schaudernd dachte ich an den schrecklichen Abend, der mein Leben verändert hatte.

„Wisst ihr noch, wo Maries Haus ist," fragte ich voller Hoffnung meine Schwestern.

„Nein Tiger, das wissen wir nicht. Wir sind vor dir ausgezogen und unsere Menschen haben uns in solchen Boxen transportiert. Die Fahrt in dem stinkenden Ding hat nicht lange gedauert," sagte Aischa. „Dein Zuhause ist bestimmt ganz in der Nähe."

Ich nickte traurig. „Das denke ich auch, doch ich kann den Heimweg einfach nicht mehr finden," erwiderte ich und ein paar Tränen kullerten aus meinen Augen.

„Nicht traurig sein," sagte Aischa. „Du kannst uns ja mal wieder besuchen kommen. Wir haben hier das beste Zuhause und die liebsten Menschen auf dieser Welt."

„Mein Zuhause bei Marie war auch wunderschön und ich habe eine ganz liebe Freundin. Ich vermisse meine Lilly so sehr," erzählte ich meinen Schwestern.

„Wo wohnst du jetzt," fragte Lela.

„Ich lebe bei Emma und Rudolf, doch Rudolf ist nicht mehr da. Er ist über die Regenbogenbrücke gegangen, wie damals an der Futterstelle die alte Katze, die da gelebt hat. Könnt ihr euch noch daran erinnern. Unsere Mutter hat uns erzählt, dass sie über die Regenbogenbrücke gegangen ist," sagte ich und wurde immer trauriger.

Aischa und Lela nickten. Sie konnten sich an die Geschichte gut erinnern.

„Was wohl aus unserer Mutter geworden ist," sagte Lela.

„Sie kommt oft zu Marie und bekommt dort ihr Futter. Ich habe unsere Höhle wiedergefunden und die Katzen, die dort leben, hin und wieder besucht," erzählte ich meinen Schwestern.

„Wir wollen nie wieder dorthin," sagte Lela. „Hier ist es so wunderschön und unsere Menschen tun alles für uns."

„Tiger komm' wir gehen zurück," sagte Paula, die unser Gespräch schweigend verfolgt hatte.

„Ja, Paula. Macht's gut, ihr beiden," verabschiedete ich mich.

„Du auch Tiger und komm' uns mal wieder besuchen," sagte Aischa, während Lela bereits in Richtung Haus lief.

„Deine Schwestern waren aber nicht besonders glücklich dich zu sehen," sagte Paula. Ich nickte traurig. „Die beiden haben ihr eigenes Leben."
Wir gingen den Rest des Weges schweigend. Wieder einmal hatten wir meinen Heimweg nicht gefunden. Meine Hoffnung Marie, Lilly und die anderen Katzen wiederzufinden schwand mit jedem Tag der verging. Alle Wege, die wir ausprobiert hatten, waren falsche Wege oder es war einfach so, dass ich keine Erinnerungen mehr an den Heimweg hatte, was letztendlich auf das gleiche heraus kam.
Ich hatte mein Zuhause verloren und jetzt war Rudolf, den ich sehr mochte, über die Regenbogenbrücke gegangen. Der Abend war schon recht kühl. Bald würde der wunderschöne Herbst dem kalten Winter weichen. Wie so oft vermisste ich mein Zuhause schmerzlich.

6. Kapitel

Marie fieberte dem nächsten Tag entgegen. Sie würde zum Flugplatz fahren und die beiden Kätzchen abholen. Zwei Wochen waren vergangen, seit sie ihrer Freundin die Übernahme der beiden Katzenkinder zugesagt hatte. Marie hatte schon viele, viele Bilder von der Pflegemama Estefania erhalten, die dem Tag, an dem die Kleinen sie verlassen würden, traurig entgegenblickte. Luna und Candy waren ihr so sehr ans Herz gewachsen, doch sie wusste, dass die Plätze der beiden dringend für andere Katzen benötigt wurden. So tröstete sie sich mit dem Gedanken, dass sie bei Marie in ein sehr schönes Zuhause kamen und die Spielgefährten von ihrer geliebten Lilly sein würden. Estefania kannte Lilly nur von Bildern und Videos, die Marie nach Spanien schickte, doch sie hatte sich in die Kleine unsterblich verliebt. Gerne hätte sie Marie und ihre Katzen in Deutschland besucht, doch ihre vielen Katzen in Spanien mussten versorgt werden. So hatte sie den Besuch immer wieder verschoben.

Eigentlich war es jedes Mal, wenn eine Katze Estefanias Pflegestelle verließ, ein

schmerzlicher Abschied. Luna und Candy würden mit einem jungen Paar, das oft zwischen Frankfurt und Barcelona pendelte, nach Deutschland fliegen. Marie würde die beiden am Flughafen abholen. Leider war das Dorf, in dem Marie lebte, über zwei Stunden von Frankfurt entfernt. Die Kleinen mussten nach ihrem Flug noch eine weite Reise hinter sich bringen. Am Mittwoch machte sich Marie schon früh am Morgen auf den Weg nach Frankfurt. Die Landung würde zwar erst gegen dreizehn Uhr sein, doch Marie wollte keine Verspätung riskieren und fuhr bereits kurz nach acht los. Sie hielt es zu Hause nicht mehr aus. Marie war erfüllt von der Freude, den beiden blinden Katzenkindern ein schönes Zuhause zu schenken. Während der Fahrt dachte sie an den Tag, an dem ihre Bekannte Lilly zu ihr gebracht hatte. Lilly war in einem erbärmlichen Zustand gewesen, aber sie hatte sich voller Vertrauen an Marie geschmiegt. Nach ein paar Tagen, als sich Lilly erholt hatte, war es so, als wäre sie schon lange bei Marie. Hoffentlich gewöhnen sich Luna und Candy genauso schnell ein wie Lilly, dachte Marie.
In Frankfurt angekommen hatte Marie noch sehr viel Zeit. Sie beschloss sich einen

Kaffee zu gönnen und eine Kleinigkeit zu essen. Vor lauter Aufregung hatte Marie das Frühstück ausfallen lassen. Marie beobachtete eine Anzeigetafel, die neben dem Tisch war, an dem sie saß. Bald sah Marie, dass sich der Flug aus Barcelona vierzig Minuten verspäten würde. Viel zu früh ging sie zu dem Flugsteig, an dem das Flugzeug aus Barcelona landen würde. Vielleicht würde sich die Landung doch nicht verzögern. Marie wollte unbedingt vor Ort sein, wenn die beiden Kätzchen mit ihren Flugpaten eintrafen. Leider verzögerte sich die Landung um weitere zehn Minuten. Als endlich die Fluggäste das Flugzeug verließen, stand Marie vor dem Ausgang und beobachtete jeden Fluggast, der ausstieg, um die beiden jungen Leuten bloß nicht zu verpassen. Als die beiden endlich mit der Box vor Marie standen, war die Freude über das Wiedersehen groß. Die beiden hatten zwei der anderen Katzen, die bei Marie lebten, nach Deutschland gebracht. Marie versprach dem jungen Paar Bilder zu schicken, wenn Luna und Candy in ihrem neuen Zuhause angekommen waren.
Die Rückfahrt kam Marie endlos lange vor, obwohl sie eigentlich schneller unterwegs war als bei der Hinfahrt, wo es kurzfristig

einen Stau gab. Marie nahm einen sehr unangenehmen Geruch in ihrem Auto wahr. Da ist wohl einiges in die Box gegangen, dachte Marie. Die Kleinen hatten es nicht geschafft, für die lange Zeit ihr Geschäft unverrichtet zu lassen. Bald würden sie endlich in ihrem neuen Zuhause sein. Die Strapazen waren bald Vergangenheit. Als Marie die Box in ihrem Haus nahe der Katzentoilette öffnete, dauerte es nur ein paar Minuten, bis die Kleinen aus der Box kletterten und neugierig ihre neue Umgebung erkundeten. Schnell hatten sie die Katzentoilette entdeckt und das war höchste Zeit. Luna und Candy scharrten dankbar im Katzenstreu. Nach dem Besuch der Katzentoilette stellte Marie Futter und Wasser in die Nähe der Katzenkinder. Die Kleinen machten sich hungrig über das Futter her und stillten im Anschluss ihren Durst. Alle Aktivitäten der Neuankömmlinge wurden von den anderen Katzen mit einem großen Sicherheitsabstand aufmerksam beobachtet. Nur Lilly traute sich zu den Kleinen. Vorsichtig beschnupperte sie die Kätzchen, was diese dazu veranlasste mit Lilly auf Tuchfühlung zu gehen. Marie war entzückt von der Szene, die sich ihr bot.

Lilly begann die Kleinen zu schlecken und erntete von Luna und Candy ein wohliges Schnurren. Schnell fanden die Kleinen ein kuscheliges Katzenbett und waren fast augenblicklich eingeschlafen. Die Strapazen der Reise forderten ihren Tribut. Nachdem Lilly die Reste der Katzenkinder gefuttert hatte, ging sie zu dem Katzenbettchen und legte sich zu Luna und Candy. Entzückt machte Marie einige Bilder, die sie nach Spanien und zu den Flugpaten schicken wollte. Die Katzenkinder aufzunehmen war eine gute Entscheidung, dachte Marie, als sie später auf dem Sofa saß. Zum ersten Mal seit Wochen wurde sie nicht von ihrem Kummer über Luis Verschwinden übermannt. Das Fernsehprogramm war Nebensache. Ihr Blick wanderte immer wieder zu dem Katzenbett, in dem Luna, Candy und Lilly friedlich schlummerten. Die drei Katzen hatten sich sofort gefunden. Lilly würde sich sicher um die Kleinen kümmern, die genauso wie sie blind in dieser Welt zurechtkommen mussten. Maries Prognose bestätigte sich in den nächsten Tagen. Lilly kümmerte sich liebevoll um die Katzenkinder und es dauerte noch keine zwei Tage, bis sie sich im Haus und im Garten zurechtfanden, was

Marie wie schon bei Lilly in Staunen versetzte. Die Kleinen helfen uns, mit unserem Verlust zurechtzukommen, dachte Marie, als sie am Nachmittag in ihrem bequemen Sessel saß und Luna, Candy und Lilly beobachtete. Es war so schön zu sehen, wie Lilly in ihrer Rolle als Ersatzmama für die Kleinen aufging. Lilly war immer an Lunas und Candys Seite und es schien, als zeige sie ihnen alles, was sie wissen mussten. Marie musste lachen, als sie sah, wie Lilly mit den Katzenkindern spielte. Sie brachte ihnen Bälle und Spielmäuse und wurde nicht müde, die Spielsachen immer wieder vor ihre Pfoten zu stupsen. Marie lachte, bis ihr Bauch wehtat. Das ist so wunderschön, dachte Marie glücklich. Die beiden Katzenkinder hatten es so sehr verdient, ein Leben in Sicherheit leben zu dürfen. Hier hatten sie alles, was sie brauchten. Ein Haus mit viel Platz und einen großen Garten, in dem sie nach Herzenslust toben konnten. Marie realisierte, dass sie den ganzen Tag nicht an Luis gedacht hatte, und das machte sie traurig. Luna und Candy sollten Luis Platz nicht einnehmen.

Später, als Marie mit Ramona telefonierte, um ihr von den Kleinen zu erzählen, sagte sie:

„Ich war heute so mit den beiden beschäftigt, dass ich nicht einmal an Luis gedacht habe. Das schmerzt mich sehr. Ich möchte Luis nicht mit Luna und Candy ersetzen. Die Suche nach Luis werde ich auch nicht aufgeben."

„Das tust du doch nicht, Marie," erwiderte Ramona bewegt. „Sieh' es doch so: Die Kleinen sind zu dir gekommen, damit du den Schmerz über Luis Verlust besser ertragen kannst."

„Ja, ich weiß, du hast recht. Kein anderes Tier kann Luis ersetzen, aber ich muss weitermachen, weil so viele Tiere Hilfe brauchen," antwortete Marie.

„Ja, Marie, ich habe das so oft erlebt. Der Schmerz wird nur kleiner, wenn wir einem Tier ohne Hoffnung, eine Lebensperspektive schenken. Das ist wie ein Testament, das uns das Tier, welches wir verloren haben, hinterlässt," sagte Ramona und Marie wusste, dass Ramona diesen Schmerz schon so oft erlebt und niemals aufgegeben hatte.

„Ich habe Luis noch nicht aufgegeben," sagte Marie. „Eine innere Stimme sagt mir, dass Luis am Leben ist und von mir gefunden werden will."

„Das kann ich gut verstehen," sagte Ramona. „Du solltest aber über die

Möglichkeit nachdenken, dass Luis nie wieder zu dir zurückkommt. Er ist doch nun schon so lange weg."

„Zwei Monate und vier Tage," erwiderte Marie. „Als Luis verschwand war noch Sommer und jetzt ist der Herbst da."

„Das ist schon sehr lange," antwortete Ramona. „Du hast so viel unternommen, um den kleinen Kerl zu finden. Ich glaube, du musst daran denken, dass du ihn nicht mehr finden kannst."

„Ich weiß, Ramona, aber das ist ein so schlimmer Gedanke und ich will nicht daran denken. Ich will die Hoffnung nicht aufgeben," sagte Marie und Ramona hörte aus der Ferne ein Schluchzen. Gerne wäre sie bei ihrer Freundin gewesen, um sie zu trösten.

Emma ging es nach Rudolfs Tod sehr schlecht. Sie haderte mit dem Schicksal, das ihr den Lebensgefährten entrissen hatte. Zu einem Zeitpunkt, an dem sie sich als Paar wiedergefunden hatten. Das Leben war grausam! Stundenlang saß sie auf dem Sofa und starrte ins Leere. Emma ging nicht mehr ans Telefon. Als ihre Tochter aufgeregt im Wohnzimmer stand, weil sie sich Sorgen um ihre Mutter machte, fand sie Emma in einer verschlissenen Hose und einem Oberteil, das in einem ähnlichen Zustand war, auf dem Sofa. Neben ihr saß der Kater, der sich voller Vertrauen an sie schmiegte. Anne dachte, dass die beiden ein trauriges Bild abgaben.

„Mama, ich habe mir Sorgen gemacht. Warum gehst du nicht ans Telefon," sagte Anne und versuchte ihrer Stimme keinen vorwurfsvollen Klang zu geben. Sie verstand den Schmerz ihrer Mutter, denn auch sie konnte den plötzlichen Tod ihres Vaters nicht begreifen.

„Bitte nicht böse sein, Anne, aber ich möchte nur meine Ruhe haben," erwiderte Emma und ihre Stimme klang kraftlos.

„Ach Mama, ich vermisse Papa ganz schrecklich, aber es ist doch keine Lösung sich hier zu verkriechen," versuchte Anne ihre Mutter zu trösten.

„Was soll ich denn sonst tun," fragte Emma.

„Wir müssen weiterleben," sagte Anne.

„Ja, ich weiß, aber im Moment brauche ich einfach meine Ruhe," erwiderte Emma.

„Bitte lass' mich einfach hier sitzen. Ich brauche Zeit, um zu realisieren, was geschehen ist."

Anne verließ das Haus mit einem sehr unguten Gefühl. Am liebsten hätte sie ihre

Mutter mitgenommen. Wenn sie hier alleine sitzt, kann das doch nicht gut für sie sein, dachte Anne. Bei mir zu Hause sind die Kinder und ihr Mann. Da hätte sie Ablenkung. Anne überlegte noch einmal ins Haus zu gehen, um ihre Mutter zum Mitkommen zu bewegen, doch sie ließ es sein. Instinktiv spürte sie, dass diese Einsamkeit und die Katze an ihrer Seite genau das war, was ihre Mutter ertragen konnte.

Rudolf war verschwunden. Was mit ihm geschehen war, konnte ich nicht wissen, doch ihr spürte die Traurigkeit, die von Emma ausging und war nun sicher, dass ich ihn nie wiedersehen würde. Auch Menschen mussten über die Regenbogenbrücke gehen und inzwischen war es für mich zu einer Gewissheit geworden, dass genau das mit Rudolf geschehen war. Die Stille im Haus war bedrückend und ich versuchte, so gut es mir möglich war, Emma zu trösten, die viele Tränen vergoss. Meine Streifzüge in die Umgebung reduzierte ich. Emma brauchte mich. Hin und wieder besuchte ich Paula und die anderen Katzen. Paula wollte mich überreden nach meinem Zuhause zu suchen, doch ich lehnte ab.

Die Hoffnung, mein Zuhause zu finden, schwand mit jedem Tag, der verging. Die Erinnerungen an Lilly und Marie waren in einem Schleier des Vergessens vergraben. Mein Schmerz über den Verlust meines Zuhauses wurde weniger. Ich war in meiner neuen Welt inzwischen zu Hause. Das war gut so, denn die erfolglose Suche hatte mich jedes Mal sehr traurig gemacht. Je mehr die Erinnerungen aus meinen Gedanken verschwanden, umso leichter wurde mein neues Leben. Als Rudolf aus meinem Leben verschwunden war, hatte ich nur noch Emma. Sie war jetzt mein Mensch und Emma brauchte mich.

Emma war wie erstarrt. Die letzten Wochen waren erfüllt von den Aktivitäten, die notwendig wurden, wenn ein Mensch diese Welt verließ. Rudolf hatte sich immer gewünscht, in einem Friedwald seine letzte Ruhe zu finden und hatte mit Emma einen Baum für seine Ruhestätte ausgesucht. Emma wäre es nie im Traum eingefallen, diesen Wunsch infrage zu stellen. Im Gegenteil. Sie hatte beschlossen, dass auch sie unter diesem Baum ihre letzte Ruhe finden wollte. Der Gedanke, dass Rudolf nun ein Teil der Natur werden würde, war tröstlich. Emma hatte seit der

Besetzung oft unter dem alten Baum gesessen und die Nähe zur Natur spendete ihr Trost.

Rudolfs Schwester hatte den letzten Wunsch ihres Bruders infrage gestellt. Für sie war es undenkbar, dass ihr Bruder unter einem Baum beerdigt werden sollte. Sie hatte Emma heftige Vorwürfe wegen dieser Entscheidung gemacht, doch Emma hatte sich durch die Anfeindungen der Schwägerin nicht beirren lassen. Es war Rudolfs Wunsch und den hatte die Schwester zu respektieren. Die Vorbereitungen für die Beisetzung und der Streit mit der Schwägerin hatten Emma von ihrer Trauer abgelenkt, doch jetzt, nachdem alles vorüber war, fühlte sie eine Leere, die sich mit unendlicher Verzweiflung abwechselte. Sie vergrub sich in ihrem Haus und wollte niemanden mehr sehen. Nur die Nähe ihres Mobbelchens konnte Emma trösten. Der Kater wich nicht von ihrer Seite und Emma war sich sicher, dass er ihr helfen wollte. Eines Morgens, es war schon Anfang November, erwachte Emma, als die Sonnenstrahlen in das Zimmer fielen. Der Kater schmiegte sich unter der Decke an Emma. Emma stand auf, was von ihrem Mobbelchen mit einem Maunzen kommentiert wurde und zog die Vorhänge zur Seite. Strahlender Sonnenschein erhellte das Zimmer. Auch jetzt, Anfang November, wollte dieser wunderschöne Herbst kein Ende nehmen. Emma zog einen Bademantel über und nachdem sie Kaffee und eine Schale mit Müsli auf ein Tablett gestellt hatte, ging sie auf die Terrasse. Ein klägliches Miau ließ Emma das Tablett abstellen und in die Küche zurückkehren. Mobbelchen verlangte nach seinem Frühstück. Nachdem der Kater zufrieden sein Futter futterte, schob Emma den Tisch und einen Stuhl in die Sonne und setzte sich. Es war an diesem Morgen schon richtig warm und die Wärme der Sonne erwärmte Emmas Gedanken. Plötzlich war Licht im Tunnel ihrer Verzweiflung. Emma spürte so etwas wie Wohlbefinden, als sie in der warmen Herbstsonne saß. Heute ist ein neuer Tag, dachte Emma und spürte, dass etwas in ihrem Inneren geschah, das die Einsamkeit, die sie seit Rudolfs Tod gespürt hatte, erhellte. Heute wollte sie sich nicht wie eine Schnecke in ihrem Haus verkriechen! Emma dachte nach und kam zu dem Entschluss, dass sie das Fahrrad aus dem Keller holen wollte. Sie würde eine Tour machen, die sie oft mit Rudolf gefahren war. Auf dem Rückweg würde sie die kleine Bäckerei im Dorf aufsuchen. Dort gab es ein wundervolles Brot, das Emma sehr mochte. Es war aber nicht nur die Aussicht auf dieses wundervolle Brot, das Emma zu ihrem Ausflug motivierte. Sie dachte an die nette ältere Frau, die in der Bäckerei tapfer die Stellung hielt. Emma dachte an die vielen netten Gespräche, die Rudolf und sie mit Frau Schröder hatten. Emma spürte, dass ein nettes Gespräch mit der älteren Frau ihr neue Kraft schenken konnte. Sie packte ein Picknick in eine Kühltasche. Voller Elan sprang Emma unter die Dusche, zog sich an und verabschiedete sich von Mobbelchen. Der Kater gönnte sich nach dem ausgiebigen Frühstück ein Nickerchen auf dem Gartenstuhl.

Die Fahrt durch den herbstlichen Wald weckte Emmas Lebensgeister. Sie genoss den warmen Wind, der ihr Gesicht umspielte und freute sich über die bunt gefärbten Bäume. Es war, als wäre Emma endlich aus einer Starre erwacht, die sie in den letzten Wochen gelähmt hatte. Gegen Mittag suchte sie sich eine Bank, um das mitgebrachte Picknick zu verzehren. Ihre Tochter rief an und Emma, die ihr von dem spontanen Ausflug erzählte, hörte die große Erleichterung in der Stimme der jungen Frau. Sie war glücklich, dass ihre Mutter zurück im Leben war.

Auf dem Rückweg stellte Emma ihr Fahrrad an der Bäckerei ab. Sie betrat den Verkaufsraum und zu ihrer Freude war Frau Schröder alleine. Einem netten Schwätzchen stand nichts mehr im Weg.

„Hallo Frau Schröder, ich hoffe, Sie haben noch dieses wundervolle Brot im Angebot," sagte Emma gut gelaunt.

„Aber sicher doch, Emma," sagte Frau Schröder. Sie nannte Emma bei ihrem Vornamen, weil sie den Nachnamen immer vergaß. Emma hatte der älteren Frau eines Tages vorgeschlagen sie doch einfach beim Vornamen zu nennen. „Ich habe Sie schon lange nicht mehr gesehen. Es tut mir sehr leid, dass Ihr Mann verstorben ist."

„Ja, das waren schlimme Wochen. Heute ist der erste Tag, an dem ich etwas unternommen habe," sagte Emma traurig.

„Das ist gut, Emma. Irgendwann muss das Leben weitergehen, egal, wie schwer uns das Schicksal trifft," sagte Frau Schröder.

„Das ist sicher so, Frau Schröder. Das Haus ist so schrecklich leer seit Rudolf nicht mehr da ist. Ich glaube, wenn mein Mobbelchen nicht da wäre, würde ich die Einsamkeit nicht ertragen," sagte Emma.

„O, ist Mobbelchen ein Hund," fragte Frau Schröder neugierig.

„Nein, nein, eine Katze, die meinem Mann in seiner Werkstatt zugelaufen ist," erklärte Emma. „Inzwischen ist der kleine Kerl im Haus heimisch geworden."

„Ist das vielleicht so eine hübsche Tigerkatze," fragte Frau Schröder neugierig und Emma wunderte sich.

„Ja genau, woher wissen Sie das?" Emma war erstaunt.

„Genauso eine Katze kommt meine Katzen und mich seit einigen Wochen besuchen. Meine Paula ist ganz verliebt in den kleinen Kerl. Ich habe mich schon gefragt, wo der Kater zu Hause ist," sagte Frau Schröder nachdenklich.

Emma kramte ihr Handy aus der Jackentasche, um Frau Schröder ein Bild zu zeigen.

„Ja, genau, das ist der Kleine," sagte Frau Schröder als sie das Bild gesehen hatte.

„Na ja, wir haben uns manchmal gefragt, ob unser Mobbelchen vielleicht ein Zuhause hat," erzählte Emma. Sie wollte an diese Möglichkeit nicht denken.

„Ich kenne die Katze nicht und habe gedacht, dass sie zu einer der Familien in der Neubausiedlung gehört. Sie ist in einem guten Zustand, aber jetzt wundere ich mich schon. So eine gepflegte Katze ist eigentlich kein Streuner," überlegte Frau Schröder.

„Sie glauben, dass sie ein Zuhause hat," fragte Emma und spürte wie die Angst, ihr Mobbelchen zu verlieren, in ihrem Inneren hochkroch.

„Das könnte ich mir gut vorstellen. Wenn Sie sagen, dass er zuerst in der Werkstatt Ihres Mannes Zuflucht gesucht hat. Es wäre schon möglich, dass der kleine Kerl irgendwo vermisst wird," sagte Frau Schröder vorsichtig, denn sie ahnte, wie sehr Emma an dem Tier hing.

„Denken sie, ich sollte nach seinem Besitzer oder Besitzerin forschen," fragte Emma, die die Antwort bereits wusste.

„Mhm, wenn der kleine Kerl tatsächlich ein Zuhause hat, wird er sicher schmerzlich vermisst," erwiderte Frau Schröder.

Emma verließ die Bäckerei ohne das Brot, das sie eigentlich kaufen wollte. Die Worte von Frau Schröder hallten in ihrem Inneren nach. Emma konnte sich gut vorstellen, wie sehr einem Menschen sein Tier fehlt. Die Ungewissheit musste schrecklich sein. Das ist genauso schlimm wie einen Menschen zu vermissen, dachte Emma traurig, während sie nach Hause fuhr. Sie nahm sich vor, in den nächsten Tagen

Nachforschungen anzustellen, ob ihr Mobbelchen ein Zuhause hatte. Sie würde in den Tierheimen, im Umkreis und bei den Tierärzten anrufen. Vielleicht wurde ja eine Katze vermisst. Emma wusste, dass es im Internet Seiten gab, auf denen man nach vermissten Tieren suchen konnte. Hier würde sie ebenfalls nach seinen Besitzern suchen. Insgeheim wünschte sich Emma, dass ihre Suche ergebnislos verlaufen würde. Sie durfte nicht an die Möglichkeit denken, dass ihr Mobbelchen nicht mehr da war. Allein der Gedanke trieb ihr die Tränen in die Augen.

In den nächsten Tagen beschäftigte sich Emma damit, Mobbelchens zu Hause zu suchen. Alle ihre Bemühungen verliefen im Sand, worüber Emma sehr froh war. Emma druckte sogar Bilder von dem Kater aus, die sie mit dem Hinweis, dass ihr der Kater zugelaufen war, versah. Die Zettel verteilte sie in der Umgebung an Bäumen und den wenigen Geschäften, die es gab. Natürlich brachte sie einen Zettel in die Bäckerei, in der Frau Schröder arbeitete. Die ältere Frau war froh über Emmas Bemühungen den Besitzer der Katze zu finden. Sie hatte inzwischen in dem Neubaugebiet nachgefragt, ob eine Katze vermisst wurde, doch ihre Bemühungen waren ohne Erfolg geblieben, was Emma sehr freute. Sie hoffte inständig, dass Mobbelchen tatsächlich ein Streuner war, der sich ein Zuhause gesucht hatte.

Ich wusste natürlich nichts von den Bemühungen der Menschen. Inzwischen hatte ich mich ja mit meinem neuen Zuhause abgefunden. Nur hin und wieder dachte ich noch an Marie und meine Lilly. Das waren Momente, in denen ich mein Zuhause schmerzlich vermisste. Eines Tages war es wieder so weit. Ich wurde von einer Unruhe erfasst, die mich dazu veranlasste, ziellos umherzustreifen, in der Hoffnung, doch noch den Heimweg zu finden. Schließlich gab ich die Suche entmutigt auf und beschloss Paula einen Besuch abzustatten. Vielleicht hatte Paula eine neue Idee, wie ich mein Zuhause finden konnte, obwohl alle bisherigen Versuche ohne Erfolg waren. Ich fand Paula auf der Terrasse, wo sie sich die warme Herbstsonne auf den Pelz scheinen ließ.

„Na Tiger, wie geht es dir," fragte Paula. „Ach Paula, ich bin heute furchtbar traurig und vermisse mein Zuhause so sehr," erzählte ich betrübt.

„Wir können zusammen dein Zuhause suchen," sagte Paula.

„Das haben wir schon so oft getan und hatten nie Erfolg," erwiderte ich und wurde immer trauriger.

"Na ja, wir könnten den Weg an dem kleinen Bach

weitergehen. Das haben wir noch nicht getan, weil du immer gesagt hast, dass das der falsche Weg sei," sagte Paula.

„Ich bin mir sicher, dass das der falsche Weg ist," erwiderte ich eigenwillig.

„Woher willst du das wissen, Tiger? Du kennst den Weg überhaupt nicht. Wie willst du den richtigen Weg erkennen," antwortete die schlaue Paula.

„Mhm, du könntest recht haben," sagte ich kleinlaut.

„Genau, du kannst dir nicht sicher sein, dass dieser Weg falsch ist," erwiderte Paula. Morgen gehen wir zusammen den Weg am Bach weiter. Einverstanden?"

Ich nickte. Was hatte ich zu verlieren.

In den nächsten Tagen hatten die dunklen Wolken, die am Abend aufgezogen waren, sehr viel Regen im Gepäck. Regen mochte ich nicht. Ich verschob unser Vorhaben, den Weg am Bach weiterzugehen. So eilig hatte ich es nun auch nicht, zumal ich wenig Hoffnung hatte mein Zuhause zu finden.

Frau Schröder machte sich große Sorgen um Sara. Seit dem Tag, an dem die junge Frau sie nach dem Wort Unendlichkeit befragt hatte, war eine Traurigkeit in ihrem Verhalten zu erkennen, welches Frau Schröder sehr beunruhigte. Als Frau Schröder an diesem Nachmittag nach Hause kam, fand sie Sara auf dem Balkon. Sie saß da und starrte in den Regen, der unaufhörlich vom Himmel prasselte.

„Du hast dir aber einen schlechten Tag ausgesucht, um auf dem Balkon zu sitzen," sagte Frau Schröder, die nicht wusste, wie sie mit Sara ins Gespräch kommen sollte.

„Och, ich sehe gerne den Regentropfen zu, wie sie zur Erde fallen," erwiderte die junge Frau und Frau Schröder hörte die Traurigkeit in ihrer Stimme. Sie ahnte, dass es Sara psychisch schlecht ging.

„Wie wäre es, wenn ich uns ein leckeres Abendessen zubereite und wir ein Glas Rotwein zusammen trinken," fragte Frau Schröder, die nicht wusste, wie sie mit der Situation zurechtkommen sollte.

„Das ist eine schöne Idee," sagte Sara und ein Lächeln huschte über ihr Gesicht. „Zum Glück kann ich hier bei dir wohnen, sonst wäre ich ganz allein."

Frau Schröder ahnte, dass Sara sehr einsam war. Sie ging so gut wie nie aus, verbrachte die Freizeit in ihrer Wohnung mit den Katzen. Im Sommer half Sara Frau Schröder im Garten. Die beiden Frauen hatten einen Gemüsegarten angelegt, den sie mit Hingabe pflegten. In diesem Herbst wurden ihre Bemühungen belohnt. Sie hatten reichlich Gemüse und Tomaten geerntet, die sie für den Winter einfrieren konnten. Während des ganzen Sommers hatten sie Salat aus dem eigenen Garten ernten dürfen. In Frau Schröders Garten gab es einige Obstbäume und sie hatten zusammen Marmelade und Kompott zubereitet. Jetzt war die Arbeit im Garten getan und Frau Schröder ahnte, dass Sara die gemeinsamen Aktivitäten fehlten. Das kann doch kein Leben für eine junge Frau wie Sara sein, dachte Frau Schröder, während sie das Abendessen zubereitete. Sie bräuchte dringend eine Freundin oder noch besser einen lieben Mann an ihrer Seite, doch Sara ließ nur wenige Menschen an sich heran. Frau Schröder ahnte, dass Sara unter ihrem introvertierten Verhalten litt. Sie war sehr ernst und machte sich über die vielen Verbrechen, die Menschen den Tieren zufügen, viele Gedanken. Sie versuchte zu helfen, wo immer sie helfen konnte. Diese Ernsthaftigkeit stieß bei anderen jungen Menschen, die ihre Zeit lieber mit Partys, Reisen und vielen anderen Aktivitäten verbrachten, auf Unverständnis. Manchmal sprach Sara über die jungen Menschen, die sie bei der Arbeit kennengelernt hatte oder noch von früher kannte. Sie fühlte sich, wie sie Frau Schröder einmal gesagt hatte, wie das fünfte Rad am Wagen, weil sie mit den Interessen der Gleichaltrigen wenig anfangen konnte. Sara beschäftigte sich gerne mit Tieren und fühlte sich in der Natur wohl. Diese Aktivitäten waren ihren

Bekannten zu langweilig. Sie lehnte Einladungen zu Partys immer ab und jetzt fragte auch niemand mehr. Sie wusste, dass ihre Einsamkeit selbst verschuldet war, doch Sara suchte in ihrer Freizeit nach Ruhe. Partys waren nichts für sie.

Nach drei Tagen war das trübe Regenwetter vorbei und die Sonne lachte von einem blauen Himmel. Es war Mitte November und überall auf den Wiesen blühten die Wildblumen. Der Regen nach der Trockenheit und das milde Klima hatten die Wildblumen geweckt. Ich ging zu Paula. Heute würden wir den Weg am Bach weitergehen. In meinen Gedanken hatte ich mit der Möglichkeit den Heimweg zu finden, abgeschlossen, doch Paula bestand auf unserem Vorhaben. Ich wollte Paula nicht enttäuschen. So trotteten wir am Bach entlang, bis dieser einen großen Bogen nach rechts machte. An dieser Stelle waren wir immer umgekehrt. Wir konnten uns nicht entscheiden, ob wir dem Bach weiter folgen oder geradeaus über die Landstraße weitergehen sollten. Heute traf Paula die Entscheidung. Paula wählte den Weg über die Landstraße. Ich folgte Paula. Nichts erinnerte mich an den Heimweg. Wir liefen weiter, bis wir zu einer

Straße kamen, in der ein paar Einfamilienhäuser standen und da plötzlich wusste ich, dass wir auf dem richtigen Weg waren.

„Paula, wir haben es geschafft," rief ich aufgeregt. „Ich kann mich an die Häuser erinnern. Hier bin ich vorbeigekommen."

„Das ist schön. Ich bin schon ganz gespannt auf dein tolles Zuhause," sagte Paula.

Wir gingen weiter und die Umgebung wurde für mich immer vertrauter. Ich bog in eine Sackgasse ein. Am Ende der Sackgasse war mein Zuhause!

„Paula, wir sind da," rief ich aufgeregt und sprang auf eine Mauer, die Maries Grundstück begrenzte. Paula folgte mir und zusammen sprangen wir von der Mauer in den Garten. Das Erste, was ich erblickte, war Lilly, die mit irgendetwas im Gras spielte.

„Lilly, meine Lilly," schrie ich und lief schnell in ihre Richtung.

„Tiger, bist du das wirklich," rief Lilly, die mich sofort an meiner Stimme erkannt hatte. „Wo bist du nur gewesen? Ich habe gedacht, dass du nicht mehr am Leben bist."

„Ach Lilly, das ist so eine lange Geschichte," sagte ich und rieb zärtlich meinen Kopf an ihrem Kopf.

„Wer ist bei dir," fragte Lilly, die ein untrügliches Gespür für jede Veränderung in ihrer Umgebung hatte.

„Lilly, das ist Paula. Ohne sie wäre ich niemals wieder heimgekommen," sagte ich.

„Aber warum bist du weggelaufen," wollte Lilly wissen.

Ich erzählte Lilly von dem Abend, als es auf Maries Balkon brannte und das schreckliche, stinkende, lärmende Ding mich in Angst und Schrecken versetzt hatte.

„Ich bin gerannt und gerannt," sagte ich. „Dann wusste ich nicht mehr wo ich war und wie ich hierher zurückfinden konnte."

„Wie konntest du so lange auf der Straße überleben," fragte Lilly, die sich noch an ihre Zeit auf der Straße erinnern konnte. Als sie von der lieben Frau gerettet wurde, war Lilly schon fast verhungert. Sie hatte zu diesem Zeitpunkt mit ihrem Leben abgeschlossen.

„Das war kein Problem. Ich habe liebe Menschen gefunden, die für mich gesorgt haben. Bei ihnen fand ich ein Ersatzzuhause," erklärte ich Lilly und dachte, dass ich Emma sicher vermissen würde, aber ich freute mich wie verrückt, dass ich wieder bei Lilly war.

„Bitte erzähle mir mehr von Paula," sagte Lilly. Sie konnte Paula zwar nicht sehen, doch sie spürte, dass sie sehr wichtig für mich war.

„Das ist meine gute Freundin Paula," erklärte ich. „Ohne sie wäre ich nicht hier. Paula hat mich dazu überredet den Weg am Bach weiterzugehen. Das war genau richtig!"

„Ich bin sehr glücklich, dass du so eine liebe Freundin gefunden hast, die dir geholfen hat den Heimweg zu finden. Marie wird sicher aus dem Häuschen sein vor Freude," sagte Lilly und ihre Stimme überschlug sich vor Freude.

„Ist Marie im Haus," wollte ich wissen. „Sie muss unbedingt Paula kennenlernen."

„Marie ist nicht da," berichtete Lilly. „Vor etwa einer Stunde ist sie ganz aufgeregt aus dem Haus gelaufen und weggefahren. Keine Ahnung was da los war."

„Dann werden wir auf sie warten," sagte ich und gemeinsam liefen wir ins Haus.

Es war so schön wieder in meinem Zuhause zu sein. Alles roch so wundervoll vertraut. Lilly machte uns mit Luna und Candy bekannt und ich spürte sofort, dass ich die beiden mochte. Nachdem ihnen

Lilly erklärt hatte, wer wir waren hatten die beiden keine Angst vor uns. Sie vertrauten Lilly und wussten, dass Lilly immer gut auf sie aufpasste.

7. Kapitel

Die letzten Tage waren grau und regnerisch gewesen. Emma hatte sich in ihrem Haus verkrochen. Das trübe Wetter und die Gewissheit, dass nun bald die sonnigen Tage ein Ende hatten, machte sie traurig und hoffnungslos. Emma musste oft weinen und ihr geliebtes Mobbelchen war nicht von ihrer Seite gewichen. Der Kater mochte bei diesem Wetter nicht nach draußen gehen und machte es sich in ihrer Nähe bequem. Die Wärme und das Streicheln des Tieres taten Emma gut und waren Balsam für ihre Seele. Überraschenderweise lachte nach ein paar Tagen die Sonne von einem wolkenlosen Himmel und es war angenehm mild. Der Kater nutzte das schöne Wetter, um nach draußen zu gehen. Emma wollte das schöne Wetter ebenfalls nutzen und eine Fahrradtour machen. Sie packte ein Picknick ein und fuhr los. Emma wollte zu einer kleinen Kapelle, die auf einer Anhöhe war. Sie hatte diesen Ort oft mit ihrem Mann besucht. Er hatte den Ausblick über die Weinberge so geliebt und Emma hoffte ihm an diesem Ort ganz nah zu sein. Emma verbrachte etwa zwei Stunden bei der Kapelle. Sie setzte sich in die Sonne und blickte über die Weinberge und den angrenzenden Wald. Der Herbst hatte das Laub in wunderschöne Farben getaucht und Emma spürte, wie sehr ihr der Aufenthalt in der Natur innere Kraft verlieh. Als sie am Nachmittag durch das Dorf fuhr, erblickte sie von Weitem einen Zettel, der an einem Baum befestigt war. Neugierig hielt Emma an, um nachzusehen, was auf dem Zettel stand. Das Bild, das ihr entgegensah, ließ Emma erstarren. Da wurde eine Katze vermisst und Emma wurde sofort klar, dass es sich um ihr Mobbelchen handelte. Wie in Trance notierte sie die Handynummer auf einem Stück Papier, in das sie zuvor ihr Brot eingepackt hatte. Emma fuhr weiter, während sich ihre Gedanken im Kreise drehten. Das war so ungerecht! Sie hatte ihren Mann verloren und nun würde sie die geliebte Katze verlieren. Was wäre, wenn ich einfach nicht anrufe, dachte Emma, während sie in die Pedale trat. Der Kater wurde bereits seit über drei Monaten vermisst. Vielleicht hatten seine Besitzer schon eine neue Katze. Emma schüttelte diese Gedanken ab. Das konnte sie nicht tun! Die Menschen, denen ihr Mobbelchen gehörte, machten sich bestimmt schreckliche Sorgen. Emma beschloss bei

Frau Schröder in der Bäckerei vorbei zu schauen, um ihr von dem Plakat zu erzählen. Sie musste jetzt unbedingt mit jemandem reden, der ihre seelischen Nöte verstehen konnte. Frau Schröder würde sie verstehen, denn schließlich hatte sie den Kater sehr ins Herz geschlossen und wurde von ihm regelmäßig besucht. Insgeheim hoffte Emma, dass Frau Schröder sie bei ihrer Absicht, das Plakat einfach zu ignorieren, unterstützen würde, doch auch diesen Gedanken schob Emma von sich. Frau Schröder würde das sicher nicht tun. Als Emma in die Bäckerei kam, waren zwei Kundinnen im Verkaufsraum und sie musste warten, bis Frau Schröder Zeit für sie hatte.

„Hallo Emma, schön, dass Sie mal wieder bei mir vorbeischauen," begrüßte Frau Schröder die Frau gut gelaunt.

„Ich brauche Ihren Rat," sagte Emma und Frau Schröder spürte sofort die Verzweiflung, die von ihr ausging.

„Was ist passiert, Emma," fragte Frau Schröder voller Mitgefühl.

Emma erzählte der älteren Frau von dem Plakat, das sie unterwegs gesehen hatte.

„Das tut mir leid," sagte Frau Schröder traurig, denn auch sie liebte den Kater und es machte sie traurig, wenn sie daran dachte, dass sie ihn nicht mehr wiedersehen würde.

„Was soll ich nur tun? Ich kann mir ein Leben ohne mein Mobbelchen nicht mehr vorstellen," sagte Emma verzweifelt und Tränen liefen über ihre Wangen.

„Das kann ich nur zu gut verstehen," sagte Frau Schröder. „Aber ich denke, dass der kleine Kerl in seinem Zuhause schmerzlich vermisst wird. Außerdem wissen seine Menschen nicht, was mit ihm passiert ist. Das ist sicher sehr schlimm."

„Ja, Sie haben recht, aber ich werde ihn so schrecklich vermissen. Jetzt, wo Rudolf nicht mehr am Leben ist, bin ich so einsam," schluchzte Emma.

Frau Schröder kam hinter der Theke hervor und legte ihren Arm um Emmas Schulter.

„Ich denke, Sie werden das richtige tun, Emma," sagte sie einfach.

Emma nickte. Sie trocknete ihre Tränen und als sie sich etwas beruhigt hatte nahm sie ihr Telefon und tippte die Nummer, die auf dem Zettel stand, ein. Eine Frauenstimme meldete sich am anderen Ende der Leitung. Emma nannte ihren Namen und den Grund ihres Anrufes, wobei sie erneut mit den Tränen kämpfen musste.

„Das ist so wundervoll. Bitte sagen Sie mir Ihre Adresse. Ich mache mich sofort auf den Weg," hörte Emma die freudige Stimme der Frau.

Emma nannte ihre Adresse und gemeinsam mit Frau Schröder für die es Zeit geworden war die Bäckerei zu schließen, machte sie sich auf den Heimweg. Als die beiden Frauen Emmas Haus betraten fehlte von dem Kater jede Spur. Frau Schröder rief Sara an, die noch einkaufen war und erzählte ihr, was geschehen war. Sara machte sich sofort auf den Weg zu Emmas Haus und gemeinsam warteten sie auf die Besitzerin von Mobbelchen. Sie würde sicher enttäuscht sein, wenn sie kam und ihr Kater verschwunden war.

Als es klingelte und Emma öffnete, stand eine junge Frau vor der Tür, die ihr nach wenigen Sätzen sympathisch war.

„Mein Name ist Marie und ich freue mich so sehr, dass sie meine Katze gefunden haben," sagte sie und strahlte über das ganze Gesicht.

„Ich bin Emma und das ist Frau Schröder und die junge Frau ist Sara. Leider gibt es ein Problem. Der Kater ist im Moment nicht hier," erklärte Emma.

„Dann werde ich ihn hier in der Umgebung suchen gehen," erwiderte Marie.

„Ich komme mit," sagten Emma und Frau Schröder wie aus einem Mund und Sara nickte zustimmend.

Die Frauen machten sich auf den Weg. Sie durchkämmten die wenigen Straßen, die es im Dorf gab und Marie rief immer wieder nach ihrem Kater. Zum Schluss gingen sie zu Frau Schröders Haus in der Hoffnung, dass Luis bei ihren Katzen war.

Sie konnten ihn nicht finden. Sara ging in ihre Wohnung, um dort nachzusehen.

„Nein, er ist auch nicht in meiner Wohnung. Wie haben sie denn eigentlich seine Besitzerin gefunden," fragte Sara Emma neugierig. Sara hatte diesen Teil der Geschichte verpasst.

„Ich habe ein Suchplakat gesehen," sagte Emma traurig.

„Da sind Sie jetzt bestimmt sehr traurig," antwortete Sara mitfühlend.

Emma konnte nicht antworten. Erneut liefen ihr die Tränen über das Gesicht.

„Das tut mir so leid," sagte Marie. „Sie haben meinen Luis sehr ins Herz geschlossen und ich bin Ihnen so dankbar, dass sie sich um ihn gekümmert haben," sagte Marie, die ebenfalls Tränen in den

Augen hatte, weil sie Emmas Schmerz sehr gut nachempfinden konnte.

„Also, ich würde sagen, wir trinken jetzt erst mal eine Tasse Kaffee," meldete sich Frau Schröder zu Wort. „Ich glaube, es macht wenig Sinn weiter zu suchen. Wir müssen warten, bis der Kater bei Emma oder hier bei uns auftaucht."

Sara kochte Kaffee und stellte Kekse auf den Tisch, die sie am Tag zuvor mit Frau Schröder gebacken hatte. Die Frauen setzten sich an den Tisch und Emma erzählte, wie der Kater zu ihnen gekommen war. Als sie geendet hatte sagte Marie:

„Ich glaube, Luis ist weggelaufen, als auf meinem Balkon ein kleines Feuer ausgebrochen ist. Meine Nachbarn haben die Feuerwehr angerufen und diese sind mit lauten Sirenen vorgefahren. Luis war nie lange unterwegs. Er hat eine blinde Katzenfreundin, die er über alles liebt. Lilly vermisst ihn so sehr."

Marie erzählte den Frauen von ihren Futterstellen und von den beiden blinden Katzen, die sie vor Kurzem aufgenommen hatte.

„Sie suchen für die beiden blinden Kätzchen ein Zuhause. Habe ich das richtig verstanden," fragte Frau Schröder.

„Ja, es wäre schön, wenn ich jemanden für sie finden könnte. Wissen Sie, meine Freundin in Spanien versorgt so viele arme Katzen. Manche haben eine Behinderung und sind ohne Hilfe zum Sterben verurteilt," erklärte Marie den Frauen.

„Das ist alles so traurig," sagte Emma und kämpfte erneut mit den Tränen. Die Vorstellung ohne den Kater leben zu müssen, trieben ihr sofort die Tränen in die Augen. „Ich werde mein Mobbelchen ganz schrecklich vermissen."

„Sie können ihn jederzeit bei mir besuchen kommen," erwiderte Marie. „Ich glaube, ich werde jetzt zurückfahren. Meine Katzen an den Futterstellen warten auf ihr Futter."

„Ich werde Sie anrufen, wenn Luis bei mir auftaucht," sagte Emma.

Als Marie weg war, sagte Sara:

„Wie wäre es, wenn Sie die beiden blinden Kätzchen adoptieren würden."

Emma sah Sara mit großen Augen an und sagte. „Ich weiß nicht, ob das so eine gute Idee wäre."

„Ich finde, das ist eine sehr gute Idee," mischte sich Frau Schröder ein. „Sie müssten Ihren Garten absichern, damit die Kätzchen da nicht raus können. Das kostet natürlich Geld."

„Das Geld wäre mir egal," sagte Emma, die Saras Vorschlag sofort in Erwägung zog. „Aber ich bin nicht mehr die Jüngste. Wenn ich daran denke, wie schnell Rudolf gestorben ist. Was wird aus den Kätzchen, wenn ich sie nicht mehr versorgen kann?"

„Aber Emma, Ihr Alter ist doch bestimmt kein Grund, den armen Kätzchen nicht zu helfen," erwiderte Sara voller Überzeugung. „Ich bin auch noch da und Marie würde die Kleinen sicher aufnehmen, falls Ihnen tatsächlich etwas passieren sollte. Jeder von uns kann morgen schon nicht mehr am Leben sein. Wenn wir immer mit unserem Tod rechnen müssten, könnten wir nie wieder unbeschwert leben und Pläne schmieden."

„Ich finde, das ist eine sehr gute Idee," sagte Frau Schröder. „Wir sollten das mit Marie besprechen."

„Ich glaube, Sie haben recht, Sara. Die Kleinen würden mich bestimmt glücklich machen," sagte Emma und ein Lächeln huschte über ihr Gesicht. Das Gespräch mit Marie und Saras Idee, den beiden blinden Kätzchen ein Zuhause zu schenken, hatten etwas in Emma verändert. Zum ersten Mal nach dem Tod von Rudolf spürte sie so etwas wie ein

Glücksgefühl. Die beiden Kätzchen würden Leben in ihr Haus bringen. „Genauso werden wir das machen," freute sich Emma und lachte glücklich. „Gleich morgen werde ich eine Firma beauftragen die einen Zaun um mein Grundstück baut. Marie wird sicher froh sein, wenn die beiden ein schönes Zuhause finden." Emma fuhr nach Hause, um auf ihr Mobbelchen zu warten. Heute war so viel geschehen. Emma war voller Verzweiflung gewesen und jetzt spürte sie, dass sie in Emma, Sara und Marie neue Freundinnen gefunden hatte.

Als Marie gegen Abend zu ihren Futterstellen fuhr, waren ihre Gefühle zwiespältig. Zum einen freute sie sich natürlich, dass Luis bald wieder bei ihr sein würde, auf der anderen Seite dachte sie an Emma, die traurig war, weil sie Luis verlor. Marie mochte die drei Frauen, die sie heute kennengelernt hatte, auf Anhieb. Vielleicht, dachte Marie, könnten sie ja in Verbindung bleiben. Sie war oft sehr einsam und es wäre sicher schön, mit Emma, Frau Schröder und Sara zu plaudern, zumal Sara in ihrem Alter war. Marie hatte die Einsamkeit gespürt, die von diesen drei Frauen ausging. Von Emma hatte sie erfahren, dass sie vor Kurzem ihren geliebten Mann verloren hatte und Sara hatte, während sie zusammen Kaffee tranken erwähnt, dass sie so froh war, bei Frau Schröder wohnen zu können. Ansonsten, so sagte sie, wäre sie ganz allein. Von der Freundin, die in Spanien lebte, einmal abgesehen, hatte auch Marie wenige Kontakte. Sie mochte ihre Nachbarn, doch es gab nicht mehr als ein paar nette Worte, wenn sie sich begegneten. Natürlich hatte Marie Freundinnen, die wie sie im Tierschutz unterwegs waren, doch die hatten, genau wie Marie viel Arbeit mit ihren Tieren. Außerdem hatten ihre Bekannten Familien. Einen Mann für das ganze Leben hatte Marie noch nicht gefunden. Alle Versuche, einen Lebenspartner zu finden, waren ohne Erfolg geblieben. Marie hatte sich zurückgezogen. Manchmal fühlte sie sich sehr einsam, obwohl sie eigentlich mit dem Leben, das sie führte, zufrieden war. Die Liebe ihrer Tiere entschädigten sie für alle Verletzungen, die sie durch Menschen erfahren hatte. Die Katzen, die sie an der Futterstelle an dem Einkaufsmarkt versorgte, waren in ihr Leben gekommen, als sie nach ihrer schweren Krankheit ohne Hoffnung war. Marie hatte ihre

Lebensbestimmung gefunden, die darin bestand, diesen armen Geschöpfen zu helfen. Mit der Hilfe für die Katzen und ihren sonstigen Aktivitäten im Tierschutz war Marie ausgelastet. Nur manchmal fiel ihr auf, dass sie nur wenige Kontakte zu Menschen hatte, und das machte sie traurig. Sie vermisste manchmal Gespräche mit Menschen, wenn sie alleine in ihrem Haus saß.

Emma wartete an diesem Tag vergeblich auf ihr Mobbelchen. So lange bleibt er doch sonst nicht weg, dachte sie, als sie wieder einmal in den Garten ging, um nach dem Kater Ausschau zu halten. Hoffentlich war ihm nichts passiert. Emma rief immer wieder nach dem kleinen Kerl. Inzwischen müsste er doch hungrig sein. Das Abendessen wartete auf ihn und normalerweise war er sehr zuverlässig. Sie beschloss noch einmal die Umgebung nach dem Kater abzusuchen. Emma durchkämmte erneut die wenigen Straßen und rief immer wieder nach dem Kater, doch alle ihre Bemühungen waren umsonst. Bevor sie nach Hause ging, wollte sie noch bei Frau Schröder vorbeischauen. Vielleicht war ihr Mobbelchen bei ihr aufgetaucht.

„Guten Abend, Frau Schröder, bitte entschuldigen Sie die späte Störung, aber der Kater ist immer noch nicht zu Hause. Ich mache mir große Sorgen und dachte, er wäre vielleicht bei Ihnen," sagte Emma, als sie bei Frau Schröder klingelte. „Kommen Sie herein, Emma, es ist schon ungemütlich kalt. Nein, leider ist der Kater nicht bei uns," antwortete Frau Schröder und ließ Emma eintreten.

In dem gemütlichen Wohnzimmer saß Sara und als Emma von ihrer Sorge um den Kater berichtete sagte diese: „Vielleicht hat er sich heute ausnahmsweise Mal verspätet."

„Das hoffe ich. Es wäre furchtbar für Marie, wenn ihm ausgerechnet jetzt etwas zugestoßen wäre," sagte Emma.

„Das wäre für uns alle furchtbar," sagte Frau Schröder und Emma nickte zustimmend.

„Natürlich wäre das für uns sehr schlimm. Wenn ich mir aber vorstelle, wie lange Marie nach ihrem Kater gesucht hat und wenn ich mir vorstelle, dass ihm etwas Schlimmes zugestoßen ist. Einfach nur schrecklich," sagte Emma.

„Da haben Sie sicher recht, aber wir wollen nicht vom Schlimmsten ausgehen," tröstete Frau Schröder. „Setzen Sie sich zu uns,

Emma und trinken Sie ein Glas Wein mit uns."

„Das möchte ich gerne tun, aber zuerst schaue ich noch mal bei mir zu Hause nach, ob Mobbelchen inzwischen da ist," erwiderte Emma.

Emma lief die kurze Strecke zu ihrem Haus. Zum ersten Mal seit Rudolfs Tod fühlte sie sich glücklich und das, obwohl die Trennung von ihrem geliebten Mobbelchen bevorstand. Das Gespräch mit Frau Schröder und Sara gab ihr neuen Mut. Sicher würde sie Mobbelchen bei Marie besuchen können und die Idee den beiden blinden Kätzchen ein schönes Zuhause schenken zu können, machte Emma glücklich. Sie erreichte ihr Haus und schloss die Wohnungstür auf. Aufgeregt rief sie nach dem Kater, doch die Wohnung war leer. Von Mobbelchen keine Spur. Emma schaute nach dem Trockenfutter, das sie vorsichtshalber für ihn bereitgestellt hatte. Das Futter war unberührt. Gerade als sie das Haus verlassen wollte, rief ihre jüngste Tochter an. Emma erzählte ihr, was geschehen war und von ihrem Vorhaben, den beiden blinden Kätzchen ein Zuhause zu schenken. Die Tochter war froh, ihre Mutter glücklich zu erleben. Sie hätte gerne noch etwas mit ihr geplaudert, doch Emma hatte bemerkt, dass der Akku ihres Handys fast leer war und musste das Gespräch beenden. Außerdem wollte sie zurück zu Frau Schröder und Sara, um mit ihnen noch etwas zu plaudern. Emma verließ das Haus. Das Handy ließ sie zum Laden zu Hause.

Marie hatte inzwischen alle verwilderten Katzen an ihren Futterstellen versorgt und fuhr mit gemischten Gefühlen nach Hause. Sie freute sich natürlich über die Nachrichten, die sie zum Verbleib ihres geliebten Luis erhalten hatte, doch Minou, die alte Katzendame, die bei ihr lebte, machte ihr große Sorgen. Minou war die Katze ihrer Großeltern gewesen und Marie kümmerte sich um sie, seit diese verstorben waren. Inzwischen war die betagte Dame fast zwanzig Jahre alt und Marie musste sich in den letzten Tagen eingestehen, dass sich Minou auf ihren letzten Weg machte. Kurz nach ihrem neunzehnten Geburtstag hatte sich Minou verändert. Sie hatte sich zurückgezogen und mochte nur noch wenig essen. Marie kaufte ihr immer wieder leckeres Futter, das sie zwei, drei Tage mit Begeisterung verputzte, bevor sie es verschmähte. Der Tierarzt, den Marie um Rat fragte, hatte ihr unmissverständlich klargemacht, dass die Katze einfach alt war und nicht mehr lange zu leben hatte. Für Marie war die Aussage des Tierarztes sehr schmerzlich, denn Minou war für sie das letzte Band, das sie noch mit ihren Großeltern verband. Die Vorstellung, dass sie nicht mehr bei ihr sein konnte, brachte Marie oft zum Weinen.

In den letzten Wochen hatte sich Minous Verhalten verändert. Sie war lebhafter und suchte Maries Nähe. Die Nahrungsaufnahme klappte überraschend gut. Marie war voller Hoffnung, doch dieser Zustand hielt nicht lange an und es war, als fiele Minou in sich zusammen. Erneut verweigerte sie das Futter und magerte ab. Minou schaffte es nicht mehr auf das Sofa oder auf das Bett zu springen. Immer wieder stand sie da und miaute kläglich, bis Marie ihr half und sie sich an sie schmiegen konnte. Die restliche Zeit verbrachte Minou schlafend in einem Körbchen. Marie hatte ein Wärmekissen in das Körbchen gelegt und die alte Katze genoss diese Wärme.

Als Marie an diesem Abend ihre Wohnung betrat, kam ihr Louis mit hocherhobenem Schwanz, gefolgt von Lilly, entgegen. Marie kniete sich auf die Erde und nahm den Kater in ihre Arme. Tränen kullerten über ihre Wangen. Luis schmiegte sich voller Vertrauen an sie. Endlich war er wieder bei ihr. Mit Luis auf dem Arm ging Marie zu Minou, die schlafend in ihrem Körbchen lag. Die alte Katze hob sofort ihren Kopf. Sie hatte sehr tief geschlafen, doch jetzt war sie erwacht. Mit steifen Gliedern kletterte sie aus dem Körbchen und rieb ihren Kopf an Maries Beine. Marie schaltete den Fernseher ein, setzte Louis auf das Sofa und setzte Minou, die nach Aufmerksamkeit verlangte, auf ihre Beine. Die alte Katze und Louis kuschelten sich an Marie und auch Lilly sprang auf das Sofa und verlangte nach Streicheleinheiten. Nach einer ausgiebigen Kuschelrunde versuchte Marie bei Emma anzurufen. Sicher würde sie sich Sorgen um Louis machen. Leider ging bei Emma nur der Anrufbeantworter dran und Marie beschloss gleich morgen früh erneut bei Emma anzurufen.

Am nächsten Morgen fand Marie ihre Minou neben ihrem Körbchen. Marie bettete die Katze auf eine weiche Decke auf dem Sofa und legte sich neben das sterbende Tier. Minou schnurrte, als Marie sie streichelte und blickte sie aus ihren schönen Augen an. Marie weinte, denn sie konnte in Minous Augen erkennen, dass sie auf ihrem letzten Weg war. Marie blieb neben ihrer geliebten Katze liegen, bis sie den letzten Atemzug tat. Minou war über die Regenbogenbrücke gegangen. Marie deckte die Katze mit der weichen Decke zu. Ihre Tränen wollten nicht versiegen. Ruhelos wanderte Marie durch ihre Wohnung. Später setzte sie sich wie in Trance neben die tote Minou und trank eine Tasse Kaffee. Louis kletterte auf Maries Beine. Sie vergrub ihr Gesicht in seinem Fell und weinte.

Spät am Nachmittag trug Marie Minou in den Garten, um sie zu beerdigen. Im hinteren Teil ihres weitläufigen Gartens gab es einen Bereich, in dem schon mehrere Katzen beerdigt waren. Im Sommer war hier ein Blütenmeer und jetzt im Herbst, der nicht enden wollte, blühten immer noch wunderschöne Blumen. Marie beerdigte Minou und wusste, dass mit ihrem Tod das Band, welches sie mit ihren geliebten Großeltern verband, zerrissen war. Sie wurde von einer unendlichen Einsamkeit erfasst, die sie erneut zum Weinen brachte.

Erst am Abend war Marie in der Lage, Emma anzurufen. Emma war am Telefon sehr aufgeregt. Sie hatte sich große

Sorgen um Luis gemacht und bat Marie, zu ihr kommen zu dürfen, um den Kater zu sehen. Marie nannte Emma ihre Adresse. Sicher würde Emmas Besuch sie etwas von Minous Tod ablenken. Als Emma bei Marie eintraf, war Luis Freude groß. Der Kater ließ sich ausgiebig streicheln und Maries andere Katzen kamen neugierig zu Emma.

„Sind das die blinden Kätzchen," fragte Emma und deutete auf die beiden Katzenkinder, die übermütig spielten.

„Ja, das sind Candy und Luna," erwiderte Marie.

Emma ging zu den beiden, um mit ihnen zu spielen. Schnell war ihr klar, dass es eine gute Entscheidung sein, würde die Katzenkinder zu adoptieren.

„Ich würde den beiden sehr gerne ein Zuhause schenken," sagte Emma.

Marie sah die Frau erstaunt an. Damit hatte sie nicht gerechnet, doch sie wusste sofort, dass Emma sehr gut für die beiden sorgen würde. Natürlich würde es ihr schwerfallen die Katzenkinder abzugeben, doch Marie wusste, dass ihre Freundin noch zwei weitere Notfälle hatte für die sie dringend ein Zuhause suchte.

„Es fällt mir nicht leicht die beiden wegzugeben, aber ich denke, dass sie bei

Ihnen ein wunderschönes Zuhause hätten,"
sagte Marie.

„Da können Sie sicher sein," antwortete
Emma. „Wir könnten uns gegenseitig
besuchen. Ich werde Luis schrecklich
vermissen."

„Sehr gerne," sagte Marie. Sie wusste,
dass sie in Emma eine neue Freundin
gefunden hatte.

Endlich hatte ich mein Zuhause
wiedergefunden! Paula hatte sich auf den
Heimweg gemacht mit dem Versprechen,
mich bald zu besuchen. Meine Lilly war
völlig aus dem Häuschen.

„Ach Tiger, ich bin so froh, dass du wieder
bei mir bist. Du darfst nie wieder
weggehen," sagte sie und kuschelte sich
an mich.

„Lilly, ich bin doch nicht einfach
weggegangen," erklärte ich zum
wiederholten Mal. „Da war so ein großes,
stinkendes Ding vor unserem Haus und
das hat einen Riesenlärm gemacht. Ich
hatte furchtbare Angst und bin weggerannt.
Na ja, und dann habe ich den Heimweg
nicht mehr gefunden."

„Das muss ganz schrecklich gewesen
sein," sagte Lilly. „Bestimmt hattest du
großen Hunger auf der Straße. So wie ich,

als ich auf der Straße war. Da wäre ich fast verhungert."

„O ja, ich hatte sehr große Angst und natürlich auch Hunger, aber zum Glück habe ich Emma und Rudolf gefunden. Bei ihnen durfte ich wohnen und sie haben sehr gut für mich gesorgt," erzählte ich Lilly meine Geschichte ein zweites Mal.

„Du hast ein neues Zuhause gefunden? Mich haben die Menschen immer nur verjagt," erwiderte Lilly traurig.

„Ja, Lilly, ich habe ein schönes neues Zuhause gefunden. Du musst nicht traurig sein. Jetzt bist du bei Marie in Sicherheit," tröstete ich Lilly und rieb meinen Kopf an ihrem Kopf.

„Da hast du recht! Marie ist der liebste Mensch den ich je hatte. Dort wo ich war, bevor mich das stinkende Ding zu den bösen Menschen brachte, gab es immer gutes Futter und liebe Menschen. Marie habe ich aber tausendmal lieber," sagte Lilly. „Wirst du die Menschen, die für dich gesorgt haben, vermissen?"

„Emma werde ich sehr vermissen. Rudolf ist vor einiger Zeit über die Regenbogenbrücke gegangen und Emma ist noch sehr traurig. Ich frage mich, wer sie jetzt trösten wird," sagte ich und die

Gedanken an Emma ließen mich sehr traurig werden.

„Ist Emma genauso ein lieber Mensch wie Marie," fragte Lilly.

„Ja, Lilly, Emma ist genauso lieb wie Marie. Ich habe noch Frau Schröder und Sara kennengelernt. Das sind auch sehr liebe Menschen. Bei Frau Schröder habe ich Paula kennengelernt, die mir geholfen hat den Heimweg zu finden. Paula wird mich bald besuchen kommen, aber die Menschen, die mir geholfen haben, werde ich bestimmt nie wiedersehen. Naja, vielleicht kann ich sie mit Paula mal besuchen. Alleine traue ich mich nicht den weiten Weg zu gehen," sagte ich.

„Tiger, du darfst nicht mehr weggehen," sagte Lilly voller Angst und ich musste ihr versprechen bei ihr zu bleiben.

Später, als Marie nach Hause kam, war die Freude riesengroß. Marie wollte mich überhaupt nicht mehr loslassen, doch ich spürte sofort, dass etwas nicht in Ordnung war. Marie war traurig. Als Marie mich wieder zu Lilly setzte fragte ich:

„Lilly, was ist mit Marie. Ich glaube, sie ist sehr traurig."

„Ja Tiger, Marie ist sehr traurig. Sie hat sich große Sorgen um dich gemacht und jetzt geht es Minou schlecht. Ich glaube, sie wird bald über die Regenbogenbrücke gehen," erklärte mir Lilly.

„O nein, die liebe Minou. Das ist wirklich so traurig. Wo ist Minou," fragte ich.

„Komm' wir können zu ihr gehen," sagte Lilly und ich folgte ihr ins Wohnzimmer, wo Minou in ihrem Körbchen lag und schlief. Wir setzten uns neben das Körbchen bis Minou erwachte.

„Tiger, Lilly, schön, dass ihr mich besucht," sagte Minou und blickte uns aus ihren schönen Augen, die unergründlich waren, liebevoll an. „Endlich bist du zurück, Tiger."

„Wie geht es dir, Minou," fragte ich traurig.

„Ich fühle mich sehr schwach," erwiderte Minou. „Es wird Zeit für mich zu gehen."

„Du darfst uns nicht verlassen, Minou," sagte ich und spürte eine unendliche Traurigkeit.

„Kleiner Tiger, ich habe gewartet, bis du zurückgekommen bist. Jetzt, wo du da bist wird es für Marie leichter sein, wenn ich über die Regenbogenbrücke gehe," sagte Minou und ein tiefer Seufzer verließ ihren alten schwachen Körper.

„Marie wird auch traurig sein, wenn ich bei ihr bin," erwiderte ich voller Verzweiflung.

„Minou, du kannst nicht über die Regenbogenbrücke gehen. Jetzt, wo ich wieder hier bin, möchte ich noch viel Zeit mit dir verbringen. Du darfst jetzt nicht sterben."

„Meine Zeit ist zu Ende auf dieser Erde und ich sehne mich nach dem Tod, der meinen alten Körper von seinen Schmerzen befreit. Du wirst sehen, kleiner Tiger, eines Tages werden wir uns in dem wunderschönen Land hinter der Regenbogenbrücke wiedersehen," sagte Minou und schloss erschöpft ihre Augen. Wenige Sekunden später war sie eingeschlafen.

„Gehen wir in den Garten," sagte die blinde Lilly, die spürte, dass Minou die Regenbogenbrücke erreicht hatte. Den Rest des Weges würde sie alleine gehen.

„Ich bleibe bei Minou," sagte ich entschlossen.

„Und ich bleibe bei dir und Minou," erwiderte Lilly und schmiegte sich an mich. Wir saßen noch eine Weile bei Minou, die in einen tiefen Schlaf verfallen war, aus dem es kein Erwachen mehr gab. Marie kam und bettete Minou auf eine weiche Decke. Gemeinsam blieben wir bei Minou, die auf ihrem letzten Weg war. Als Minou über die Regenbogenbrücken gegangen war, sagte Lilly einfach:

„Gehen wir in den Garten. Minous Reise ist jetzt zu Ende."

Ich spürte, dass die blinde Lilly sehr genau wusste, dass Minou uns verlassen hatte und folgte ihr in den Garten. Marie blieb bei Minou zurück. Wieder war es ein milder Spätherbsttag. Wir legten uns ins bunte Laub, das unter unseren Körper raschelte. Die Herbstsonne wärmte unseren Körper und ich spürte, wie die Kälte, die mich umschlungen hielt, von der warmen Sonne vertrieben wurde.

„Glaubst du, dass wir Minou eines Tages wiedersehen werden," fragte ich Lilly.

„Ganz bestimmt, mein lieber Tiger. Wenn auch wir über die Regenbogenbrücke gehen müssen, werden wir Minou wiedersehen," sagte Lilly.

Maries Schluchzen drang zu uns in den Garten. Wir gingen zu ihr. Marie saß neben Minou und wurde von einem heftigen Weinkrampf geschüttelt. Lilly und ich schmiegten uns an Marie. Wir saßen neben Marie, bis es dämmerte. Marie trug Minou in den Garten wo sie ihre letzte Ruhe finden sollte.

Ein paar Tage später kamen Emma, Frau Schröder und Sara zu Besuch und ich freute mich riesig. Emma war schon am nächsten Tag zu uns gekommen. Die Schatten, die seit Minous Tod über dem Haus lagen wurden durch den Besuch etwas heller. Marie freute sich sehr über den Besuch der drei Frauen, doch es war auch Wehmut in Maries Stimme. Das spürte ich sofort und dachte, dass es am Tod von Minou lag. Lilly und ich setzten uns zu den Menschen und ließen uns von allen Seiten mit Streicheleinheiten und Leckereien verwöhnen. Es war wundervoll, alle Menschen, die mir so sehr am Herzen lagen, in meiner Nähe zu haben. Wir wussten nicht, dass Emma den beiden blinden Kätzchen ein Zuhause schenken wollte. Das machte Marie natürlich auch traurig. Sie hatte sich so sehr an die beiden Süßen gewöhnt und der Abschied würde traurig sein.

Emma freute sich auf den Besuch bei Marie. Sie hatten vereinbart, dass sie die beiden blinden Kätzchen erst etwas kennenlernen sollte, bevor sie zu ihr umzogen. Sara und Frau Schröder wollten gerne mit. Marie war glücklich über den Besuch der drei Frauen. Nach ausgiebigen Spielen und Kuscheln mit den Katzen setzten sich die Frauen an den Tisch und tranken Kaffee. Frau Schröder hatte einen leckeren Kuchen gebacken, den sie sich schmecken ließen. Natürlich waren die Katzen das Gesprächsthema Nummer eins bei der Kaffeerunde, zumal Luna und Candy, die sehr schnell Vertrauen zu den Besuchern gefasst hatten, immer wieder Streicheleinheiten einforderten oder die Menschen zum Spielen animierten. Luis und Lilly waren auch von der Partie und selbst die scheuen Katzen, die bei Marie lebten, ließen sich von den vielen Leckereien, die diese Menschen mitgebracht hatten, anlocken.

„Ach Marie, ich bin so glücklich hier bei dir," sagte Sara unvermittelt.

„Das freut mich sehr," erwiderte Marie. „Auch ich fühle mich in eurer Gesellschaft sehr wohl."

„Ich hatte in den letzten Wochen eine schwere Zeit," sagte Sara leise. „Weißt du, das war so, als drehten sich meine Gedanken immer und immer im Kreis. Ich habe die letzten Wochen damit verbracht, über das Wort Unendlichkeit nachzugrübeln. Das hat mich fast wahnsinnig gemacht, weil ich keine Erklärung für dieses Wort finden konnte. Kannst du das verstehen Marie, oder findest du mich durchgeknallt?"

Marie saß einen Moment da und dachte nach. Dann sagte sie mit Bedacht, während Sara mit den Augen an ihren Lippen klebte:

„Ich glaube, ich kenne dieses Gefühl, Sara. Wenn ich an das Leiden denke, das Tiere auf dieser Welt erdulden müssen, habe ich oft das Gefühl als wären meine Gedanken in einem Labyrinth gefangen, aus dem es keinen Ausweg gibt. Ich bin verzweifelt und manchmal habe ich schon daran gedacht, dass ich nicht mehr auf dieser Erde leben will. Einfach das Leiden nicht mehr sehen!"

„Marie und Sara ihr seid so wundervolle Menschen," sagte Emma, die von Maries und Saras Worten erschrocken war. „Ohne euch wäre diese Welt um so viele Hoffnungen ärmer!"

„Ja, ich weiß, Emma. Das sage ich mir immer wieder. Was soll aus meinen Tieren werden, wenn ich nicht mehr lebe? Das lässt mich immer wieder weitermachen," sagte Marie traurig und Sara nickte.

„Für mich sind meine Katzen sehr wichtig," sagte Sara. „Wie schon gesagt: Heute ist für mich ein sehr glücklicher Tag. Ich fühle mich hier in eurer Gesellschaft geborgen und ich will euch nie wieder verlieren."

Sie schwiegen eine kleine Weile und bei Emma und Frau Schröder kullerten ein paar Tränen. Auch für sie war der Kontakt zu den beiden jungen Frauen sehr wichtig. Die Tiere hatten Jung und Alt

zusammengebracht und jedem von ihnen
so viele glückliche Momente geschenkt

8. Kapitel

Heute war der große Tag. Emma hatte eine schlaflose Nacht hinter sich gebracht. Sie saß um fünf Uhr am Morgen in der Küche und trank Kaffee. Die Frau mochte nichts essen, denn die Aufregung war einfach zu groß. Emma blickte aus dem Fenster. Regentropfen waren an der Fensterscheibe zu sehen. Das warme Herbstwetter ist nun wohl vorüber, dachte Emma wehmütig, doch Ende November konnte man nun wirklich keine milden Temperaturen mehr erwarten. Der Herbst war nun endgültig vorbei! So viel ist passiert, dachte Emma. Sie hatte ihr geliebtes Mobbelchen verloren, aber in Marie, Sara und Frau Schröder liebe Menschen gefunden und heute würden Luna und Candy bei ihr einziehen. Emma hatte die beiden blinden Kätzchen in den letzten Wochen fast täglich besucht. Die beiden hatten sich jedes Mal wie verrückt über ihren Besuch gefreut. Emma war klar, dass sie so früh nicht zu Marie fahren konnte. Sie musste noch ein paar Stunden überbrücken, bis sie die Kleinen abholen konnte. Emma überprüfte die Katzentoiletten, den Futterplatz und die vielen Kuschelbettchen. Für die beiden

Kätzchen war alles bereit! Dafür hatte Emma schon vor Tagen gesorgt.

Gegen neun Uhr rief Emma bei Marie an. Marie war sofort am Telefon. Sie hatte Emmas Anruf bereits erwartet.

„Kann ich zu dir kommen und die Kleinen abholen," fragte Emma.

„Klar kannst du kommen," sagte Marie lachend. „Ich habe eigentlich deinen Anruf schon viel früher erwartet."

Emma fuhr los. Die Fahrt zu Marie dauerte nicht lange. Als Marie die Tür öffnete, war Emma schnell von den Katzen umringt. Sie verteilte Leckerchen und Streicheleinheiten.

„Trinken wir noch einen Kaffee zusammen," fragte Marie und Emma nickte. Sie ahnte, dass Marie der Abschied von Luna und Candy sehr schwerfiel.

„Du musst uns gleich morgen besuchen kommen," sagte Emma.

„Das werde ich ganz bestimmt tun," antwortete Marie.

Die beiden Frauen plauderten eine Weile und tranken Kaffee. Dann war es so weit. Marie setzte Luna und Candy in die große Transportkiste, die Emma mitgebracht hatte. Die beiden protestierten mit lautem Miauen. Sie hatten keine guten

Erfahrungen gemacht und jede Veränderung bereitete ihnen große Angst.

„Ihr werdet bald zu Hause sein, meine Süßen," sagte Emma beruhigend und ging mit der Transportkiste zu ihrem Auto. Während der Fahrt hörte sie Luna und Candy kläglich miauen.

„Wir sind gleich da, meine Süßen," sprach Emma immer wieder mit den Kleinen, aber die beiden Kätzchen miauten voller Angst. Emma war voller freudiger Gefühle. Sie hatte in den letzten Tagen alles akribisch für die beiden Kätzchen vorbereitet. Obwohl Marie ihr immer wieder versichert hatte, dass sich blinde Kätzchen nicht sehr von ihren sehenden Artgenossen unterschieden, hatte Emma den Einzug von Luna und Candy sorgfältig vorbereitet. Sie würde die Transportbox im Flur öffnen. Dort standen die

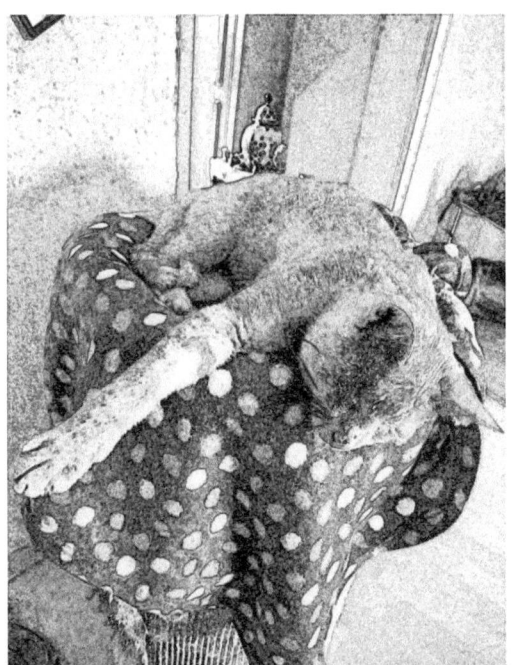

Katzentoiletten. Die beiden sollten wissen, wo sie ihr Geschäft verrichten konnten, obwohl Marie ihr lachend gesagt hatte, dass Luna und Candy die Katzentoiletten sicher finden würden. Marie hatte gesagt, dass sie nur darauf achten müsste, nicht ständig die Möbel zu verrücken, denn blinde Katzen registrierten ihre Umgebung wie eine Landkarte. Jede Veränderung musste erst wieder abgespeichert werden. Die blinden Kätzchen würden am Anfang in der unbekannten Umgebung schon mal gegen den ein oder anderen Gegenstand stoßen, doch es würde nicht lange dauern, bis sie ihre neue Umgebung abgespeichert hatten.

Emma fuhr in die Einfahrt ihres Hauses und nahm die Transportbox vorsichtig von der Rückbank. In den letzten Wochen hatte es in ihrem Garten einige Veränderungen gegeben. Das großzügige Grundstück wurde von einem sicheren Zaun umgeben. So konnten Luna und Candy nach Herzenslust im Garten toben. Emma hatte ein hübsches Katzenhaus gekauft, das sogar beheizt werden konnten. Die Kätzchen konnten so an der frischen Luft ein Schläfchen machen, ohne zu frieren. Marie, Frau Schröder und Sara hatten das Katzenhaus bei ihrem letzten Besuch bewundert. Marie hatte gesagt, dass die beiden Kätzchen in einem richtigen Katzenparadies leben durften. Diese Aussage hatte Emma sehr stolz gemacht, denn sie hatte sich viel Mühe gegeben, den beiden Kätzchen ein schönes Zuhause zu schenken.

Als Emma die Transportbox öffnete, dauerte es eine kurze Zeit, bis sich Luna und Candy aus der Box kamen. Zunächst kroch Luna aus der Box. Ihr Körper wurde ganz lang und Emma dachte belustigt, dass sie lief, als hätte sie rohe Eier unter ihren Pfoten. Vorsichtig setzte sie einen Schritt vor den anderen und Candy machte es ihr schnell nach. Emma sprach beruhigend auf die beiden ein und beobachtete Luna und Candy aufmerksam. Zu ihrer großen Überraschung war die anfängliche Scheu in der fremden Umgebung schnell verflogen. Luna und Candy nahmen die beiden großen Katzentoiletten zur Kenntnis, bevor sie sich in der Küche über das bereitgestellte Futter hermachten. Danach putzen sie sie ausgiebig und erkundeten weiter die neue Umgebung. Emma staunte nicht schlecht, als die beiden Zimmer um Zimmer inspizierten und danach durch die Katzenklappe in den Garten verschwanden, um diesen in Augenschein zu nehmen. Emma folgte den beiden Katzen voller Begeisterung und als sie sich am Abend auf dem Sofa niederließ, um einen Film anzuschauen, kletterten Luna und Candy auf das Sofa. Schnell schliefen sie selig ein. Sie folgten Emma, als diese zu Bett ging und schmiegten sich voller Vertrauen an ihren neuen Menschen. Zusammen schliefen die drei glücklich ein.

Lilly und ich hatten auf Maries Bett tief und fest geschlafen. Als wir am Nachmittag aufwachten, beschlossen wir, in den Garten zu gehen. Es war ein sonniger Nachmittag und die Temperatur war angenehm. Die Regenwolken vom Morgen waren weitergezogen. Wir hatten erwartet Luna und Candy im Garten beim Spielen anzutreffen, doch die beiden waren nicht da. Das war ungewöhnlich, denn Luna und Candy liebten es, im Garten unterwegs zu sein und taten das bei schönem Wetter ausgiebig.

„Komisch, Luna und Candy sind nicht im Garten," sagte Lilly.

„Ja, ich finde das auch merkwürdig. Gehen wir ins Haus und suchen die beiden. Ich hätte große Lust mit ihnen zu spielen," sagte ich und lief, gefolgt von Lilly, zurück ins Haus.

Im Haus konnten wir die beiden blinden Kätzchen nicht finden. Marie saß auf dem Sofa und wir spürten, dass sie traurig war. Was war geschehen? Eine Trauer ging von ihr aus, die weder Lilly noch ich einordnen konnten. Besonders Lilly spürte, dass Maries Traurigkeit nicht die Gleiche war, wie in der Zeit als ich verschwunden war. Als Minou starb, war es auch anders. Wir sprangen auf das Sofa und kuschelten uns an Marie. Irgendetwas war nicht in Ordnung. Das spürten wir genau.

„Na, ihr Lieben vermisst ihr Luna und Candy," sagte Marie. Obwohl Marie wusste, dass Luna und Candy bei Emma ein wunderschönes Zuhause gefunden hatten, vermisste sie die beiden schmerzlich. Luis und Lilly suchen bestimmt nach den beiden, dachte Marie. Sie hatten immer so schön mit den beiden gespielt und gekuschelt.

Wir konnten Maries Worte nicht verstehen, doch wir spürten ganz deutlich die Traurigkeit, die anders war. Nach einer Weile gingen wir erneut in den Garten, um nach Luna und Candy zu suchen. Auch jetzt war unsere Suche ohne Erfolg. Paula

kam auf einen Besuch vorbei. Darüber
freuten wir uns sehr.

„Na, wisst ihr schon das Neuste," fragte
Paula und ich spürte, dass meine Freundin
es kaum erwarten konnte uns etwas zu
erzählen.

„Was ist los, Paula," fragte ich neugierig.

„Ihr wollt doch bestimmt wissen, wo Luna
und Candy sind," sagte Paula
geheimnisvoll.

„Du weißt wo Luna und Candy sind," fragte
ich überrascht.

„Klar! Luna und Candy sind bei Emma,"
platze Paula mit der Neuigkeit heraus.

„Waaaasss? Wie kommen sie denn zu
Emma," fragte ich erstaunt.

„Das weiß ich auch nicht so genau.
Jedenfalls sind sie bei Emma. Vielleicht ist
das ja ihr neues Zuhause. Komm' mit,
Tiger und überzeuge dich selbst davon,
wenn du mir nicht glaubst," sagte Paula.

„Das will ich mit eigenen Augen sehen,"
sagte ich. „Lilly, ich werde mit Paula zu
Emma gehen und mir das anschauen."

Emma und ich machten uns auf den Weg.
Inzwischen kannte ich den Weg sehr gut.
Ich hatte mich schon oft gewundert, warum
ich ihn nicht mehr finden konnte. Der Weg
zu Emmas Haus war nicht weit. Als wir dort
ankamen, sah ich, dass jetzt um das

Grundstück ein Zaun war. Ich folgte Paula, die mir eine Stelle zeigte an der wir auf einen Baum springen konnten und so problemlos über den Zaun kamen. Wir gingen zu der Haustür und gelangten über die Katzenklappe ins Haus.

„Ja, wen haben wir denn da," hörten wir Emmas überraschte Stimme. „Ihr möchtet bestimmt Luna und Candy besuchen."

Wie auf Kommando kamen Luna und Candy in den Raum und begrüßten uns stürmisch.

„Tiger und Paula, es ist so schön, dass ihr uns besuchen kommt," sagte Luna glücklich.

Luna und Candy schmiegten sich glücklich an uns und Emma verteilte ausgiebige Streicheleinheiten und Leckereien.

„Warum seid ihr jetzt hier und nicht mehr bei Marie," fragte ich die beiden, nachdem wir uns ausgiebig begrüßt hatten.

„Wir wohnen jetzt bei Emma," antwortete Candy.

„Am Anfang hatten wir große Angst und wollten zurück zu Marie, doch hier bei Emma ist es soooo schön, schwärmte Luna.

„Lilly und ich vermissen euch aber," sagte ich traurig.

„Wir vermissen euch auch," antwortete Luna. „Vielleicht könnt ihr uns ja mal wieder besuchen kommen."

„Ja, das werden wir bestimmt tun," sagte ich.

Als ich nach Hause kam und Lilly von Luna und Candy berichtete war diese sehr traurig.

„Ich werde die beiden nie wiedersehen," sagte sie betrübt.

„Ich werde die beiden wieder besuchen und dir von ihnen erzählen," versuchte ich Lilly zu trösten.

„Das ist nicht das gleiche," sagte Lilly traurig.

Ich war traurig, weil Lilly traurig war, doch ich wusste, dass sie recht hatte. Für Lilly war der Weg zu Emmas Haus viel zu gefährlich. Außerdem konnte sie das Grundstück nicht verlassen, weil sie große Angst hatte auf die Mauer zu springen, die die anderen Katzen und ich nutzten, um den Garten zu verlassen.

In den nächsten Wochen besuchten Paula und ich, zur großen Freude von Emma, immer wieder Luna und Candy. Eines Tages machte ich mich sogar alleine auf den Weg zu Emmas Haus. Ich kannte den Weg gut und traute mich an diesem Tag ohne Paulas Begleitung die beiden blinden

Kätzchen zu besuchen. Wie immer freuten die beiden sich wie verrückt, als sie mich sahen.

„Hallo Tiger, schön, dass du uns besuchen kommst. Wie geht es Lilly," fragte Luna glücklich.

„Lilly geht es gut," sagte ich. „Sie ist nur immer schrecklich traurig, weil sie euch nicht besuchen kann."

„Ja, wen haben wir denn da? Ist das nicht mein kleines Mobbelchen," hörten wir Emmas Stimme. „Da werde ich doch gleich mal nachschauen, ob ich etwas Leckeres für euch Süßen habe. Wo ist denn heute Paula?"

Natürlich wusste Emma, dass ich ihr keine Antwort geben konnte und so verschwand sie in der Küche, um nach wenigen Minuten mit ein paar Leckereien für uns zurückzukommen. Wir ließen uns nicht lange bitten und verschlangen die köstlichen Leckerchen, die uns Emma reichte. Als alles aufgegessen war und wir genug von Emmas Streicheleinheiten hatten, machten wir es uns auf Emmas Bett bequem.

„Es wäre so schön, wenn Lilly auch hier wäre," sagte Candy nach einer Weile.

„Das stimmt," antwortete Luna. „Wir brauchen eine Idee. Ich vermisse Lilly so sehr."

„Was können wir tun," fragte ich traurig.

„Lilly traut sich nicht auf die Mauer zu springen und so kann sie Maries Garten nicht verlassen."

„Tiger, wir hätten uns das auch niemals getraut," antwortete Luna tadelnd.

„Ja, ja, ich weiß, Das sollte kein Vorwurf sein. Ich bin immer nur so traurig, wenn Lilly traurig ist," erwiderte ich schnell.

„Ich glaube, ich habe eine großartige Idee," sagte Luna plötzlich.

„Was willst du tun," fragte Candy, der wusste, dass seine Schwester für waghalsige Ideen bekannt war. Candy erinnerte sich an die Zeit, in der sie auf der Straße gelebt hatten. Ohne Lunas Mut hätten sie diese Zeit sicher nicht überlebt.

„Wir könnten in Emmas stinkendes Ding springen, wenn sie wegfährt. Wenn wir Glück haben, fährt sie zu Marie," sagte Luna.

„Bist du verrückt! Das ist viel zu gefährlich;" erwiderte ich erschrocken.

„Das stimmt Luna. Das ist viel zu gefährlich," pflichtete Candy mir bei.

„Was ist viel zu gefährlich," fragte Luna verständnislos. „Wir springen hier in das

stinkende Ding und bei Marie wieder raus.
Was soll da passieren?"
„Luna, das ist zu gefährlich. Du kannst
nicht freiwillig in so ein stinkendes Ding
springen," empörte ich mich.
„Ach Tiger, was glaubst du, was aus Candy
und mir geworden wäre, wenn ich auf der
Straße kein Risiko eingegangen wäre? Wir
wären verhungert," sagte Luna.
„Das stimmt schon, Luna. Ich wäre ohne
dich verloren gewesen," sagte Candy und
die Erinnerung an diese schlimme Zeit
machte ihn sehr traurig.
„Ihr müsst wissen, was ihr tut," antwortete
ich. „Ich würde nicht freiwillig in so ein
stinkendes Ding springen."
Als Tiger schon längst zu Hause war,
dachte Luna immer noch an die
Möglichkeit mit Emma zu Lilly zu fahren.
„Wir sollten das gleich morgen
ausprobieren," sagte Luna zu Candy.
Wenn du meinst," antwortete Candy. Luna
wusste, dass ihr Bruder über ihr Vorhaben
nicht glücklich war.
Am nächsten Tag folgten sie Emma in die
Garage und sprangen, als Emma die Türen
offenließ, um nach ihrem Einkaufskorb zu
suchen, in das Innere des Autos.
„Wir legen uns ganz still hin," sagte Luna
zu ihrem Bruder.

Emma staunte nicht schlecht, als sie ihren Einkaufskorb auf dem Rücksitz verstauen wollte.

„Was tut ihr in meinem Auto," fragte sie irritiert die beiden Katzen, obwohl sie wusste, dass da keine Antwort kam. Luna und Candy lagen entspannt auf der Rückbank und Emma hörte ein wohliges Geräusch, das wie das Gurren einer Taube klang.

„Na kommt schon aus dem Auto, ihr Süßen. Ich muss einkaufen. Auch für euch," sprach sie zu den beiden Katzen. Luna und Candy gähnten nacheinander herzhaft und stellten sich schlafend.

„Okay, ihr möchtet mich begleiten. Das wird euch nicht gefallen. Das weiß ich jetzt schon," sagte Emma und startete das Auto. Sie fuhr zum Supermarkt. Als sie das Auto auf dem Parkplatz abstellte, lagen Luna und Candy auf dem Rücksitz und schliefen. Oder sie taten nur so. Emma war sich nicht sicher. In Windeseile erledigte sie ihren Einkauf und fuhr heim. Als sie die hintere Wagentür öffnete, sprangen Luna und Candy aus dem Auto, als wäre das völlig normal.

Zunächst glaubte Emma an eine momentane Laune ihrer Stubentiger, doch als sie am Nachmittag erneut in die Garage ging, waren Luna und Candy sofort zur Stelle. Erneut sprangen sie auf die Rückbank.

„Das gibt's doch nicht," sagte Emma. Sie drehte eine Runde mit dem Auto und fuhr zurück in die Garage. Als sie die hintere Autotür öffnete, stiegen Luna und Candy aus. Emma hatte keine Ahnung, was sie über die neuen Marotten von Luna und Candy denken sollte. Sie beschloss Marie anzurufen. Allerdings wollte sie am Abend einen weiteren Versuch starten und eine große Transportbox, die mit weichen Kuscheldecken ausgestattet war auf die Rückbank stellen. Luna und Candy bestanden dieses Experiment ohne Probleme. Bereitwillig legten sie sich in die Box und ließen sich von Emma chauffieren.

Als Emma zurückkam rief sie bei Marie an. Es dauerte eine Weile, bis Marie am Telefon war.

„Marie, ich muss dir ganz dringend etwas erzählen," platze es aus Emma heraus, als Marie sich endlich meldete.

„Ist etwas mit Luna und Candy passiert," fragte Marie besorgt.

Emma berichtete Marie von den Vorlieben ihrer beiden Stubentiger und als sie geendet hatte, sagte Marie:

„Das ist wirklich sehr ungewöhnlich, Emma. Die meisten Katzen mögen es nicht im Auto mitzufahren."

„Das dachte ich auch," erwiderte Emma. „Bei Luna und Candy ist das anders. Sobald ich in die Garage gehe, sind sie zur Stelle und wollen ins Auto."

„Mhm, vielleicht wollen sie ihre Freunde hier bei mir besuchen," überlegte Marie laut. „Luna und Candy hatten zu Luis und Lilly ein enges Verhältnis. Luis kommt die beiden ja besuchen, aber Lilly kann da nicht mit."

„Das wäre eine Erklärung, obwohl ich sagen muss, dass ich das sehr merkwürdig finde," zweifelte Emma.

„Katzen haben da manchmal so ihre eigene Idee," hörte Emma Marie am anderen Ende der Leitung mit einem lauten Lachen sagen.

„Vielleicht hast du recht," sagte Emma. Hast du morgen schon was vor? Wenn nicht komme ich mit den beiden Autokatzen bei dir vorbei."

„Da freue ich mich sehr. So gegen drei? Ich wollte am Morgen zu den Futterstellen," sagte Marie.

„Das passt," antwortete Emma und die Frauen beendeten ihr Telefonat.

Am nächsten Morgen war Marie zeitig auf den Beinen. Sie ging heute zu Fuß. Der Weg zu der Futterstelle am Einkaufsmarkt war nicht weit. Sie würde, nachdem sie das Futterhaus mit Futter aufgefüllt hatte, einen Kaffee trinken und etwas mit der Verkäuferin im Backshop plaudern. Marie mochte die Frau und am frühen Morgen war immer Zeit für ein Schwätzchen.

Es war ein milder Tag im Dezember und während Marie den Weg zu dem Einkaufsmarkt lief, dachte sie, dass sich ihr ein ungewöhnliches Bild bot. Die Bäume hatten noch nicht ihre Blätter abgeworfen und eigentlich war dieser Tag ein milder Herbsttag.

Marie lief gemütlich den Weg zurück. Inzwischen lachte die Sonne von einem blauen Himmel und Marie zog ihre Jacke aus. Es ist wirklich sehr warm, dachte sie.

Wieder zu Hause angekommen, setzte sie sich zu Luis und Lilly, die auf dem Sofa lagen.

„Kleine Lilly heute Nachmittag wirst du ganz große Augen machen." Lilly streckte sich ausgiebig und begann laut zu schnurren.

Mein Leben hat sich schon ganz schön verändert, dachte Marie und streichelte Luis, der sich auf ihren Beinen niedergelassen hatte. Nie hätte sie gedacht, dass aus der schlimmen Zeit, in der sie Luis so schmerzlich vermisst hatte, die wundervollen Freundschaften entstehen konnten. Marie dachte an Sara mit der sie inzwischen eine tiefe Freundschaft verband. Sara unterstützte sie bei der Versorgung der verwilderten Katzen. Endlich hatte Marie Menschen gefunden, die ihre Liebe zu den Tieren verstehen konnten.

Am Nachmittag als Emma zum Kaffee kam hatte sie eine Transportbox dabei, die sie im Haus öffnete. Luna und Candy krochen aus der Box und die beiden Frauen beobachteten wie sie von Luis, Lilly und den anderen Katzen begrüßt wurden.

„Hoffentlich wollen die beiden nicht hierbleiben," sagte Emma besorgt.

„Das werden wir später sehen," antwortete Marie.

Die beiden Frauen setzten sich an den Tisch, tranken Kaffee und ließen sich den Kuchen schmecken, den Marie gebacken hatte. Sie beobachteten die Katzen, die in ihrer Nähe spielten und kuschelten. Es war offensichtlich, dass Maries Katzen sich über den Besuch von Luna und Candy freuten.

„So etwas habe ich noch nie erlebt," lachte Marie. „Katzen, die in ein Auto springen, weil sie ihre Freunde besuchen wollen. Unglaublich diese Geschichte."

„Ich war sehr überrascht, als die beiden in mein Auto gesprungen sind," sagte Emma. Sie plauderten noch über dies und das und als es Zeit für die Heimfahrt wurde, öffnete Emma die Transportbox und rief nach Luna und Candy. Voller Erstaunen beobachteten Emma und Marie, wie Luna und Candy in die Box krochen.

„Das klappt wunderbar," lachte Marie. „In Zukunft können die beiden ihre Freunde öfter besuchen."

Lilly und ich sprachen in den nächsten beiden Tagen über Lunas Idee uns hier zu besuchen.

„Glaubst du wirklich, dass die beiden das wieder tun," fragte Lilly.

„Wenn ich ehrlich bin, glaube ich nicht, dass sie das wieder tun, obwohl Luna von ihrer Idee überzeugt war," sagte ich.

„Ach Tiger, ich habe mich so sehr gefreut Luna und Candy wiederzusehen, aber ich denke, Candy wird ihr die Idee ausreden," sagte Lilly.

„Ja, und das wird das Beste sein," antwortete ich. „Ich mache mir schon Sorgen, dass den beiden etwas passiert." „Du hast recht, Tiger. Wir können nur hoffen, dass sie nie wieder in Emmas stinkendes Ding springen. Wenn ich daran denke, wie schlimm es in diesem großen stinkenden Ding war, bevor ich zu den bösen Menschen kam. Da war ich ganz lange in einer Box eingesperrt und laut war es da. Ich hatte furchtbare Angst. In dem stinkenden Ding gab es Hunde. Die habe ganz laut gebellt. Das war furchtbar," erzählte Lilly und ich sah ein paar Tränen aus ihren blinden Augen kullern.
„Nicht weinen, Lilly. Jetzt bist du bei Marie in Sicherheit," sagte ich und rieb tröstend meinen Kopf an ihrem.

Zwei Tage später, als Emmas Auto vor das Haus fuhr und sie eine Transportbox vom Rücksitz nahm beobachtete ich das Geschehen, während ich mit Lilly auf dem Sofa lag. Als Emma die Box öffnete spazierten doch tatsächlich Luna und Candy aus der Box. Die beiden begannen ihre Umgebung zu erkunden, was ihnen nicht schwerfiel, denn hier kannten sie sich gut aus.

„Luna, Candy, das glaube ich jetzt nicht," rief ich voller Begeisterung und sprang vom Sofa.

„Sind die beiden wirklich da," fragte Lilly und sprang ebenfalls vom Sofa, um die beiden zu begrüßen.

„Tiger, Lilly, wir sind so glücklich euch wiederzusehen," sagte Luna.

Wir genossen den Nachmittag zusammen. Das, was Lilly und ich nie für möglich hielten war nun geschehen.

„Wir werden euch immer besuchen kommen," sagte Luna.

„Das werden wir tun," pflichtete Candy seiner Schwester bei.

„Du hast keine Angst mehr, Candy," fragte ich, denn beim ersten Besuch hatte sich Candy geweigert die Idee seiner Schwester ein weiteres Mal in die Tat umzusetzen.

„Ja, ja, Luna hat mich überzeugt. Das Ganze ist wirklich kein Problem. Emma passt auf uns auf und hat uns eine Box auf den Rücksitz gestellt," sagte Candy.

„Ihr seid schon zwei Helden," sagte Lilly.

„Ich freue mich so sehr, dass ihr uns besuchen könnt."

Der Herbst, der so viele Veränderungen für Marie und ihre neuen Freundinnen gebracht hatte, machte dem Winter Platz. Marie liebte es sich mit ihren Katzen in eine Decke zu kuscheln. Sie fühlte sich geborgen und das lag nicht nur an den Tieren, die in ihrem Leben waren. Das Unglück, das durch das Verschwinden von Luis in diesem Herbst über sie hereinbrach, war zu einem großen Glück geworden. Endlich hatte sie Menschen gefunden, die ihre große Liebe zu den Tieren teilten. Emma, die in ihrer Trauer jeden Lebensmut verloren hatte, war für sie zu einer mütterlichen Freundin geworden. Sie gab Marie, die schon früh ihre Eltern verloren hatte, das Gefühl, in einer Familie angekommen zu sein. So ging es auch Sara, die bei der Frau, die ihr schon als Kind Halt und Geborgenheit schenkte, in einem Zuhause angekommen war. Emma und Anna, wie Marie Frau Schröder inzwischen nannte, waren aus ihrem und Saras Leben nicht mehr wegzudenken. Als die vier Frauen eines Nachmittags in Maries warmer Stube saßen, sagte Sara: „Wenn es euch und die Katzen nicht in meinem Leben gäbe, hätte ich in meiner letzten Krise jeden Lebensmut verloren." Marie, die inzwischen die Geschichte von Sara kannte hatte nie verstanden wie es möglich war, dass Sara durch ihre Suche nach dem Sinn des Wortes Unendlichkeit völlig verzweifelt war und sogar daran gedacht hatte, sich das Leben zu nehmen. Sara erzählte an einem Nachmittag, als sie bei Emma waren, ihre Geschichte. Emma und Marie wurden sehr still. Die Nöte von Menschen, die an einer psychischen Erkrankung leiden, waren ihnen fremd, doch sie spürten die große Verzweiflung, die Sara während dieser Zeit erfahren musste.

„Zum Glück ist jetzt alles gut," sagte Marie und legte ihre Hand auf Saras Arm. „Ich bin so froh, dass wir uns durch Luis gefunden haben. Jetzt sind wir nicht mehr allein."

„Ich glaube das ist es was uns die Katzen schenken. Einen Weg aus unserer Einsamkeit," sagte Emma nachdenklich.

„O ja, Tiere bauen Brücken von Mensch zu Mensch," sagte Marie und lachte glücklich.

„Genauso ist es," sagte Sara.

Im Dezember flog Marie nach Barcelona, um ihre Freundin zu besuchen. Sie traf das junge Paar, welches Candy, Luna und zwei ihrer anderen Katzen nach Deutschland gebracht hatten. Gemeinsam wollten sie viele Futterspenden nach Barcelona mitnehmen. Marie war glücklich, denn sie konnte ihrer Freundin viele Futterdosen und eine größere Geldspende überreichen. Emma hatte kurzerhand eine Spendenaktion für die Katzen gestartet. Ihre Begeisterung hatte ehemalige Kolleginnen und Kollegen an ihrer Schule angesteckt. Zusammen mit vielen Schülerinnen und Schüler war hier eine Spendenaktion entstanden, die Marie zu Tränen rührte. Die Kinder hatten mithilfe ihrer Eltern und Lehrer/innen einen großen Kuchenstand in der Stadt organisiert, der nach drei Stunden komplett ausverkauft war. Sara war über sich hinausgewachsen und hatte tatkräftig mitgeholfen. Emma, Marie, Sara und natürlich Frau Schröder hatten zwei Tage lang Kuchen gebacken. Sie hatten sich bewusst für vegane Kuchen entschieden und zu ihrer Freude waren die Kuchen schnell weg.

„Ich kann nicht glauben, dass es so viele lieben Menschen gibt, die den Katzen helfen wollen," sagte Marie als sie am Abend, völlig erschöpft, zusammensaßen.

„Ich habe mich so über die Kinder und die Eltern gefreut, die mitgeholfen haben," sagte Emma immer noch ganz gerührt.

„Die Lehrerinnen und Lehrer, die ich zum Teil überhaupt nicht kannte, haben meinen beiden ehemaligen Kolleginnen mit denen ich immer noch in Kontakt bin, einfach spontan geholfen."

„Das ist alles so schön," freute sich Marie. „Ihr könnt euch nicht vorstellen, wie schwer es für meine Freundin, ist all die Katzen zu versorgen. Die sind oft krank und müssen kastriert werden. Da ist so viel Hilfe nötig. Die Futtermengen, die da benötigt werden, sind gigantisch!"

„Marie, ich würde gerne zwei armen Katzen ein Zuhause schenken. Wir haben viel Platz und zwei weitere Katzen werden sicher auch noch satt," sagte Sara und blickte Anna, ihre mütterliche Freundin an. Die ältere Frau nickte zustimmend.

„Du hast recht, Sara, wir werden noch zwei weitere Katzen sattbekommen."

Plötzlich kullerten über Maries Gesicht Tränen. Die Hilfsbereitschaft dieser Menschen machte sie so unendlich glücklich.

Einen Tag vor der Abreise gab es für Marie eine Riesenüberraschung. Lehrer/innen, Eltern und Schüler/innen hatten erneut eine Hilfsaktion gestartet bei der sie nach einem zu Hause für Katzen in Not suchten. So hatten sich acht Interessenten gefunden, die sich auf Ramonas Internetseite Katzen ausgesucht hatten. Auf dem Rückflug, den Marie erneut mit den jungen Leuten plante, würden insgesamt zwölf Katzen in ein neues Zuhause reisen. Das ist so unglaublich schön, dachte Marie glücklich. Später stellte sich heraus, dass nicht alle Katzen zusammen reisen konnten. Marie und das junge Paar konnten sechs mit nach Deutschland bringen. Für mehr Katzen war auf dem Rückflug kein Platz. Zum Glück hatte Ramona schnell weitere Flugpaten gefunden, die die restlichen Katzen nach Deutschland brachten.

Schnell vergingen die Tage, die Marie mit ihrer Freundin Ramona verbringen konnte. Sie half, wo sie nur konnte und genoss die Abende, die sie mit Ramona und ihrem Mann verbringen konnte. Die beiden planten für Marie an zwei Tagen eine Sightseeingtour ein und Marie freute sich riesig.
Der Rückflug nach Deutschland mit sechs Katzen verlief problemlos. Nach der Landung wurden sie sehnsüchtig von den neuen Besitzern erwartet. Sara und Anna war ebenfalls zur Stelle. Sie hatten sich für zwei behinderte Katzen entschieden. Eine hatte nur drei Pfoten und die zweite war blind und hatte einen Teil der rechten Vorderpfote bei einem Unfall verloren. Die

armen Kätzchen waren erst vor Kurzem von der Straße gerettet worden und in einem erbärmlichen Zustand. Sie waren beide sehr ängstlich und es würde viel Zeit und Geduld brauchen, bis sie Vertrauen fassen konnten. Sara und Anna waren sich sicher, dass ihnen das sehr bald gelingen würde.

Zu Hause angekommen, war für Marie und ihre Katzen erst mal eine große Schmuserunde angesagt. Lea, die Maries Katzen versorgt hatte, war in Maries Haus, als diese ankam. Sie lachte schallend, als die Katzen Marie von allen Seiten belagerten und ihre Streicheleinheiten einforderten. Nachdem alle Katzen zufrieden in Maries Nähe schliefen und Lea weg war, schloss Marie erschöpft die Augen. Die letzten Tage und der Rückflug mit den ganzen Katzen war anstrengend gewesen. Es dauerte nicht lange und Marie war im Sitzen eingeschlafen. Sie schlief nicht lange, denn das Läuten ihres Telefons riss sie aus dem Schlaf. Am anderen Ende der Leitung war Sara. Sie berichtete von ihren beiden Neuankömmlingen, die seit sie ihre Transportbox verlassen hatten, unter einem Schrank saßen.

„Wir werden mit den Beiden sehr viel Geduld haben müssen," sagte Sara.

„Ihr beiden schafft das," sagte Marie.

Schnell war das Gespräch beendet, denn zur großen Freude von Sara und Anna waren die beiden Katzen unter dem Schrank hervorgekommen und hatten sich über das Futter hergemacht. Marie legte sich ins Bett und ihre Katzen verteilten sich um ihren Körper.

„Ich bin so froh, dass ich euch habe," sagte Marie zu ihren Katzen und hörte das wohlige Schnurren von Luis, der neben ihrem Kopf lag. Das Schnurren ihrer Katzen, die sich eng an sie kuschelten begleitete Marie in den Schlaf.

Am nächsten Morgen fühlte sich Marie richtig gut. Sie hatte zwölf Stunden geschlafen und ihre Katzen forderten lautstark ihr Frühstück. Bevor sie sich Frühstück bereitete, bekamen die Katzen ihr Futter. Marie setzte sich mit Kaffee und Müsli an den Küchentisch und Lilly sprang sofort auf ihre Beine. Es klingelte an der Tür. Verwundert ging Marie mit Lilly auf dem Arm zur Tür. Wer wollte sie so früh am Morgen schon besuchen? Vor der Tür stand Sara und Marie sah dem Gesicht ihrer Freundin sofort an, dass etwas nicht in Ordnung war.

„Ich muss mit jemandem reden," sagte
Sara. „Ich hoffe, ich habe dich nicht
geweckt."
„Nein, nein, ich war schon wach. Möchtest
du einen Kaffee," fragte Marie die
Freundin. „Ist etwas mit den Katzen
passiert?"
„Mit den Katzen ist alles gut. Sie haben
heute Nacht sogar in meinem Bett
geschlafen," sagte Sara und für einen
Moment erhellte sich ihr Gesicht.
„Das ist schön," freute sich Marie. „Aber
was ist passiert?"
„Vielleicht mach ich mir, wie so oft,
unnötige Sorgen und eigentlich wollte ich
dir erzählen, dass ich die beiden Katzen
Minou und Leo getauft habe. Minou, weil
ich denke, dass deine verstorbene Minou
uns die beiden geschickt hat und Leo, weil
der Kleine auf der Straße wie ein Löwe um
sein Überleben gekämpft hat," sagte Sara.
„Das ist schön, dass du dem Mädchen den
Namen Minou gegeben hast. Ich vermisse
sie so schrecklich," sagte Marie und
Tränen traten in ihre Augen. „Glaubst du
wirklich, dass Minou uns die beiden Katzen
geschickt hat?" Marie gelang es nicht ihre
Verwunderung zu verbergen.
„Ja, das glaube ich wirklich," beteuerte
Sara. „Jedes Tier, das von uns geht,

hinterlässt ein Testament, das den Menschen, die es so schrecklich vermissen, die Aufgabe gibt einem anderen armen Tier ein Zuhause zu schenken. Jetzt hast du Minou und Leo in ein sicheres Zuhause gebracht."

„Das ist eine schöne Vorstellung, die uns trösten kann," sagte Marie berührt.

„Ramona sagt das auch. Was wolltest du mir sonst noch erzählen?"

„Ich mache mir Sorgen um Anna. Sie wird in letzter Zeit immer vergesslicher und heute Nacht hatte ich einen schlimmen Traum. In meinem Traum ist sie gestorben und ich war ganz allein," sagte Sara traurig.

„Aber Sara warum sollte Anna sterbe nur, weil sie ab und zu etwas vergisst? Ich habe noch nie eine Frau in Annas Alter getroffen, die so voller Elan ist," sagte Marie.

„Vielleicht hast du recht. Ich mache mir oft unnötige Sorgen, aber es könnte schon sein, dass Anna oder auch Emma eines Tages auf Hilfe angewiesen sind, weil sie krank werden," sagte Sara.

„Naja, das kann schon passieren," sagte Marie nachdenklich. Oder eine von uns wird krank. Wie du weißt bin ich dem Tod von der Schippe gesprungen."

„Es kann so viel passieren und deshalb mache ich mir immer große Sorgen," sagte Sara bekümmert.

„Wir wissen nicht, was noch alles passiert, Sara, und das ist auch gut so, aber weißt du was gut ist," sagte Marie schnell und sah Sara erwartungsvoll an.

„Nein, ich weiß nicht, was daran gut sein soll," erwiderte Sara.

„Wir haben uns und unsere Tiere," sagte Marie einfach.

Sara blickte ihre neue Freundin aus großen Augen an. Das Gesagte erreichte sie mitten im Herz.

„Du hast recht, Marie, wir haben uns und unsere Tiere," sagte Sara und ein glückliches Lächeln erhellte ihr Gesicht.

„Niemand von uns ist allein."